耶鲁

古典欧洲怪诞生活志

Ask the Past: Pertinent and Impertinent Advice from Yesteryear

何玉方 —— 译

前　言

"想办法偷蜜蜂"并不在我的待办事项清单中，但有时候，窃取蜜蜂的技术会自动找上门来。我在约翰·霍普金斯大学皮博迪学院任教，讲授指导手册的历史发展，在为新学期备课之际，我发现自己置身在乔治·皮博迪图书馆内珍贵的馆藏区，翻阅着一本本引人入胜的古书。

我的调查研究有了一些重大发现：19世纪当地印刷的手相指导手册，由一流的捕鼠专家所写的清除害虫纲要，还有1884年所出版的《如何强健身体》(*How to Get Strong*)，书脊上夸张的二头肌，标榜了此书的价值。而夹杂在抢救腐败的鹿肉和喝沙拉油预防醉酒的技术指南当中的是："如何窃取蜜蜂。"那时我就知道，这些指导手册值得拥有更广泛的读者群。

我开始在博客上发布历代祖宗五花八门的建议，来娱乐我的朋友和同事。很快地，我开始收到来自世界各地的询问："亲爱的老祖宗，"他们问道，"我应该如何洗头发呢？""我该如何让老板对我刮目相看呢？""我该怎么打包度假行李呢？"（这些问题的答案依次为：腌渍的舌肉、粉红色的衣服、蜥蜴。）

本书所包含的这些建议被粗略地分类，保存在图书馆中，都是些随选的奇思妙想。然而，我们所看到的这些指南有着一些非常明确的特点，因此我想在这本书中特别描绘出来，来保存这些意外的发现。

最重要的一点是，所有的指导方针能够在书本留存下来的这个事实，意味着作者认为这些是值得记录的，而抄写员或印刷工也认为它们值得传播。因此，从历史学家的观点来看，16世纪对于打嗝的建议，是关于礼仪发展的珍贵史料，也是关于书和书写操作指南的历史。

这些文本也有某些共同的目标。关于"如何执行"的文本是作者与读者之间的一种约定：作者提出指导方针，而读者信奉执行。在这项约定之下，作者提出的是意见和权威，读者则产生出令人无法抗拒的腹肌、袋熊形状的蛋糕和构造完美的宜家梳妆台，至少理论上如此。这种约定暗示于1579年出版的一本妙计大全的序言中，作者向读者承诺，"他们的钱绝对不会白花"，因为这些成功的妙招，将会为他们省下一本书价格二十倍的金钱。如作者所说："迄今，痛苦和游历都是我的，而收获和快乐从此将是属于你的。"[1]

指导手册提供了可能性。这些指导方针向读者保证，要克服自然或社会的限制，并不需要神助，或与生俱来的特权，或常年的实践——只需要一个聪明的技术，或许还需要黄鼠狼的胆汁。

各类礼仪指导的文本盛行

想一想安东尼奥·艾瑞纳（Antonius Arena）1530年的跳舞指南，文中告诫大家"女士们……会嘲弄、耻笑那些舞跳不

---

[1] 托马斯·勒普顿（Thomas Lupton）《一千件值得注意之事》（*A Thousand Notable Things of Sundry Sortes*）（伦敦，1579）。

好和不懂舞步的人，说'那些人都是乡巴佬'……国王、皇后、伯爵和男爵都爱跳舞，也会命令他人跳舞"[1]。老实承认吧：你就是个乡巴佬。但是继续读下去，你就会变得温文尔雅，甚至"学会如何跳舞，或许可以借此献上深情之吻"[2]。

这些古老又有助益的传统文本，旨在让你彬彬有礼（courteous），温文尔雅（urbane），变得文明（civil），都意味着"不是一个乡巴佬"[3]。中世纪文本，诸如贝克尔斯的丹尼尔（Daniel of Beccles）的《文明人之书》（原文 *Urbanus magnus* 或 *Liber urbani*；英文译文 *The Book of the Civilized Man*），早已经注意到礼貌的重要准则，例如：不攻击正在蹲着排便的敌人。

到了16世纪，随着识字能力的提升和印刷术发展所带动的文本流通，关于礼仪的建议随处可见。荷兰鹿特丹伟大的人文主义者伊拉斯谟（Erasmus）于1530年写了《男孩的礼貌教育》（原文 *De civilitate morum puerilium*；英文译文 *On Civility of Children's Manners*），书中提出一个精彩的前提——小学生可以从这本书当中同时学到"放屁的礼仪"和"拉丁文"。在意大利这个宫廷文化兴盛之地，巴尔达萨雷·卡斯蒂利奥尼（Baldesar Castiglione）于1528年出版的《廷臣论》（原文 *Il libro del cortegiano*；英文译文 *The Book of the Courtier*）脱颖而出，成为最具影响力的意大利文学作品之一；该书探讨了宫廷朝臣最理想的特质（例如，有品位的穿着）。乔瓦尼·德拉·卡萨

---

1 约翰·格思里（John Guthrie）和马里诺·佐尔齐（Marino Zorzi）编译，出自"跳舞准则"（Rules of Dancing），《舞蹈研究》（*Dance Research*）第四卷第二期（1986），第8-9页。

2 出处同上，第26页。

3 拉丁文 *curialitas* 是形容一个人在宫廷（*curia*）之中很自在，从而成为有礼貌的形容词（courteous）；*urbanitas*（拉丁文，文雅之意）指城市居民的素质；*civilitas*（拉丁文，礼貌之意）亦与城市（*civitas*）一字相关。

3

（Giovanni della Casa）的《礼仪》（*Il Galateo overo de'costume*）则告诫，如果讲了一个糟糕的笑话，会让人觉得像是"一个穿着紧身背心、屁股大大的胖子在扭腰摆臀地跳舞"。这些礼仪指导（尤其是伊拉斯谟和德拉·卡萨的）被广泛模仿，为快速增长的广大读者提供文明发展的承诺。

关于日常生活建议的手册激增

如果这一类的文本提出了自我塑造的可能性，也就是说，从粗鲁的乡巴佬转变成一位世故文雅的朝臣，另一种广为流传的指导手册则承诺帮助你改变周围的世界。"自然界的秘密""怪诞念头"和"惊异奇闻"等曾吸引近代早期欧洲读者收录的这一类书籍，其实源自于神秘的希腊炼金术传说这种更古老的传统，虽然从他们专注于消灭臭虫和涉及肉类的恶作剧的内容当中，不会有人想到这之间有关联。现存于欧洲最早的"秘诀"相关书籍，可从9世纪重要的古老资料来源得到证实，包括玻璃、皮革和墨水的着色技术，清洁银器，制造破城槌。有人怀疑"打造顶级黄金的秘方"是一个吸引顾客的卖点：文中承诺"会使人惊叹不已"[1]，即使这个惊叹是关于"我不知道我的顶级黄金在何方"这一类型，失败的炼金术士仍可以继续阅读，并炼出一批很好的法式香皂或芝麻甜点，来安慰自己。

就连比较近期的文选都给自己添加了一点怀旧的味道。中世纪的欧洲学者开始在阿拉伯文本中寻求古代的科学和医学

---

[1] 西里尔·斯坦利·史密斯（Cyril Stanley Smith）和约翰·G. 霍桑（John G. Hawthorne）译。出自"Mappae Clavicula: A Little Key to the World of Medieval Techniques", *Transactions of the American Philosophical Society*, 64卷，4期（1974），第30页。

知识，亚里士多德（众人称道的"哲学家"）也名列其中。搭上亚里士多德作品顺风车的，是一本百科全书式的拼凑文集，关于阿拉伯的政治、医疗和占星术的知识大全，书名为《秘密中的秘密之书》（原文 *Kitāb Sirr al-Asrār*；拉丁译文 *Secretum secretorum*）。奇怪但可以预见的是，"亚里士多德"高度机密的秘密成为欧洲的畅销书，甚至使亚里士多德本人的作品相形失色许多。擅用"哲学家"之名以抬高作品身价的这种手法，持续了好几百年，最好的例子就是1684年广受欢迎的性爱手册，众所周知的《亚里士多德名著》（*Aristotle's Masterpiece*）或《著名哲学家亚里士多德的著作》（*The Works of Aristotle, the Famous Philosopher*）。（想象一下这段对话："你在看什么书？""哦，就是亚里士多德，那位著名哲学家的作品。"）

中世纪和近代早期的读者可曾怀疑过，这位古代哲学家所兜售的竟然是牙齿美白和去污妙方，而不是超然存在和炼金术法则？只不过是想当然。但是这些文本的世俗倾向几乎无损对大众的吸引力。随着印刷业的发展，新的一批专业人士，如印刷业者和专业作家，开始向广大读者推销书籍，关于日常生活建议的小册子激增，诸如意大利一位印刷商于1525年出版的《秘方全集》（*Dificio di ricette*），满足了广大读者对于如何长出胡子、如何在水中燃烧蜡烛这类事情的求知欲望。

实验者与"秘密之书"的崛起

追求指点迷津的这股狂热也促成了阿列修·皮蒙特西（Alessio Piemontese）（一般认为与人文学者吉罗拉默·鲁歇里 Girolamo Ruscelli 为同一人）的成功。其"秘密之书"在1555年首次出版，不到五十年的时间，已经出现了八种语言、七十种版本。书的序言读起来倒是有点像电视购物节目：

> 我周游世界各国二十七个年头，目的在于结识各式各样学识丰富又谨慎的人。由于这种勤奋和好奇的天性，我学到了许多相当精彩的秘技，不只是学识渊博者、贵族的，还有蹩脚的女性工匠、农民的，可以说各种人的秘技[1]。

以"蹩脚的女性工匠"之秘技作为行销资源，和冒用亚里士多德之名自抬身价的手法，呈现出截然不同的效果，突显出不再依赖古老权威而倾向于实验兴趣的一种普遍趋势。这类的秘技文选通常会在提供诀窍之后，附加"*Probatus*"（"已试验"或"已证实"之意）的字眼，或是补充一则简短的趣闻轶事，说明此秘方如何有效。["我认识一个人，胖得不得了……服用此药之后，就瘦了。"引述自托马斯·勒普顿（Thomas Lupton）的十四天快速瘦身疗法。]

大众对于秘技的渴求，造成实验者这一类型的人出现，即众所周知的"秘密教授"。这个称号展现出霍格沃茨魔法学院般的迷人魅力，但掩盖了反宗教改革迫害的事实。其中一位就是吉安巴蒂斯塔·德拉·波尔塔（Giambattista della Porta），他对自然界神奇力量的迷恋，不为教会所认同。虽然他对大自然奇特之处的迷恋几乎到了病态的程度，但德拉·波尔塔的"自然魔法"听起来再普通不过了。比方说，想

---

[1] 《阿列修·皮蒙特西大师的秘技》（*The Secrets of the Reverend Maister Alexis of Piemont*），威廉·沃德（William Ward）译（伦敦，1562）。

让桃子长出像人头的形状，只要把桃子塞进人头模型就行了，这就算作是自然界的神奇。（为了避免你纳闷，我告诉你，这也挺令人毛骨悚然的！）

让桃子生出一张脸或许不算是知识探索或实验科学的巅峰之作，但它却是很好的实例，说明了"秘密之书"的重要性以及一般指导手册的蓬勃发展。正如礼仪指导手册提出宫廷生活规范，供所有读者参考，而"秘密之书"则提供给大众掌控大自然的力量。

当然，也得要这些诀窍真行得通才是。以现代人的眼光看来，有些疗法和技巧的实际功效着实令人怀疑，难道读者真的信奉不移吗？举个例子来说吧，1581年如何在水面上行走的方法是：把两个小鼓绑在脚底下，依照指示在水面上迈出大步，以"锻炼自己的体格气魄和敏捷度"。如果这种技术并没有让你信服，你并不是唯一一人：有个犀利的读者，在那本书的页边空白处写下"如果你要沉下去，千万记得要在水面上下沉哦"。[1]

这个小小的嘲弄或许在暗示指导手册并没有实现承诺，然而，指导手册所传达的不只如此，它们并不只是概述如何以最简单的方法达到所期望的效果，有些建议其实是为了制造文学趣味而提出的，例如古罗马诗人奥维德（Ovid）的充满诗意又具狂气的作品《爱的艺术》（*Ars amatoria*）（尽管其温和自然的搭讪动作——假装拍掉她衣服上的灰尘，或许真的有效果）。但即使是比较含蓄的仿文学文本，除了严肃地传达制

---

[1] 托马斯·希尔（Thomas Hill），《自然工艺合体论》（*A Briefe and Pleasaunt Treatise, Intituled, Naturall and Artificiall Conclusions*）（伦敦，1581）。

作牙膏的配方之外，也可有其他作用。指导手册的作者认清有些传统形式是荒谬的，而刻意戏弄之，例如，讽刺性模仿中世纪的一则食谱，保证制作出"一道好菜给爱吃它的人"，食材包括数品脱的汗水、卵石油脂、金翅雀的脚跟、苍蝇的脚[1]。无可否认，历史年代的久远使我们更难区别讽刺性模仿和真实性，尤其是当耳垢被视为治疗眼疾的处方，而鳗鱼的胆汁居然也是基本原料时。不过，指导手册还包含一些无伤大雅的恶作剧成分（臭名昭著的放屁蜡烛）和愚蠢的趣闻轶事（如何用猫小便灭火），代表它们除了作为参考指南之外，也是令人愉快的读物。

秉持这种精神，我提供给你这些指南。不过，我还是希望你能够全部都尝试看看。

---

[1] 梅利塔·伟斯·亚当森（Melitta Weiss Adamson），"The Games Cooks Play: Non-Sense Recipes and Practical Jokes in Medieval Literature"，出自 *Food in the Middle Ages: A Book of Essays*，梅利塔·伟斯·亚当森主编（纽约，1995），第179页。

关于文本的注意事项

  本书所收集的文本是基于个人对中世纪和近代早期欧洲教育，以及对书本历史的兴趣，因而确定了文本的年代和地域范围（从古典时代晚期直到近代早期的欧洲，除偶尔一些越界的趣味游历外，几乎全部是欧洲文本）。前人的智慧与生活哲学当然要比本书所呈现的更为广泛，而我也鼓励大家主动向他们求教。

  本书呈现的次序并无严格的时间顺序或是主题结构，我遵循的是许多资料来源的范例。首先，很难确定资料的确切起源时间，因为实用的建议持续广为流传：老普林尼[1]（Pliny the Elder）提出用紫罗兰花环作为解酒疗法，而这项建议仍然时不时地冒出来，可能还会继续流传，直到某一天人类有幸发现真正有效的解酒疗法为止。本书所摘录的文本并不代表这是它们首度出现在印刷本（或手稿）中，而是代表读者接触到这些文本的时期。同样的道理，文本所显示的年代指的是我所参考版本的年代，并不见得都是原始版本（而这些文本的出版日期以及翻译相关信息，都会在注释中补充说明）。

  这些文本五花八门的性质，也是遵循资料来源的范例。将收录文本依主题编排是不合乎时代顺序的，反映的是知识分类，而非时期，比方说，音乐是数学的一个分支，而食谱教导你如何保养你的头发。以托马斯·勒普顿《一千件值得注意之事》（*A Thousand Notable Things*）（1579）为例，此书收

---

[1] 老普林尼（23—79），古罗马作家、博物学家、百科全书编纂者。

集了古代和近代各种主题的相关知识，以非常有趣的混乱次序呈现，在单一页面中，读者将会惊叹：

▼ 用糖和一小块奶油治愈伤口的技术
▼ 关于作者在1577年6月遇到的，一个小孩"真的吃了自己臂上的羊毛袖子，除此之外，她也吃了一只手套"的故事
▼ 补救秃头的方法（老鼠粪便、烧焦的黄蜂、榛果、醋）
▼ 用一根蜡烛使青蛙停止呱呱叫的万无一失的方法

对于我自己混乱的组织，我提不出比勒普顿《一千件值得注意之事》的序言更好的解释了：

或许你正纳闷，我为何没有将内文以更好的次序来安排，主题相近的文本都没有衔接在一起。老实说，有这么多五花八门、种类繁多，以及效果矛盾的文本收录在一起，实在不容易清楚归类。依我的判断，透过这些不可思议、多样化的主题，它将会成为更吸引人、更有趣的读物。要知道我们人的天性如此，精心考究令我们欢喜，但对于长期吃同一种食物，也会感到厌烦。同时，与短程游历于经常造访之地相比，长时间漫游于奇妙的乡野之处比较不会使我们感到疲累。

享受你的探索之旅吧！

目 录 contents

前言
关于文本的注意事项

如何在舞会中令女士印象深刻 / 2
如何选择啤酒 / 4
如何将臭虫赶尽杀绝 / 6
如何放屁 / 7
如何搭讪女人 / 8
如何判定一个人是生是死 / 10
如何攻击敌船 / 11
如何谈论你的孩子 / 12
如何解酒 / 13
如何在有限的预算下保持体面 / 15
如何在水中修剪脚指甲 / 16
如何在水面上行走 / 17
如何捉苍蝇 / 18
如何治疗流鼻血 / 19
如何照顾你的猫 / 20

如何避免怀孕 / 21
如何打包行李 / 23
如何搭建面团城堡 / 25
如何安抚小孩 / 26
如何清洁牙齿 / 27
如何消除头痛 / 28
如何将头发染成绿色 / 29
如何写慰问信 / 31
如何生孩子 / 33
如何养马 / 34
如何保养你的鲁特琴 / 35
如何帮你的小孩穿衣服 / 36
如何防止背痛 / 37
如何打理跳舞时的装束 / 39
如何增肥 / 40
如何减重 / 41
如何制作粉红色的松饼 / 42
如何骑马 / 43
如何煮咖啡 / 44
如何选择船上的座位 / 45

如何喝汤 / 46

如何训练会表演的狗 / 47

如何治晕船 / 48

如何折叠出令人惊羡的餐巾纸 / 49

如何捕捉虹鱼 / 50

如何培养你的小孩 / 51

如何解梦 / 53

如何像绅士般游泳 / 54

如何护理牙齿 / 56

如何像学者一样与人交际 / 58

如何使用钻石 / 59

如何使龙喷烟火 / 60

如何利用龙虾辅助园艺 / 61

如何烹煮豪猪 / 62

如何锻炼身体 / 63

如何洗发 / 64

如何杀跳蚤 / 65

如何装饰餐桌 / 67

如何预测时间 / 69

如何收割曼陀罗 / 71

如何治失眠 / 72

如何训练猫耍花招 / 73

如何进行晚餐对话 / 74

如何治疗秃头 / 76

如何吸引情人 / 77

如何自我防护，免受罗勒草侵害 / 79

如何训练你的雀鹰 / 80

如何使头脑清楚 / 82

如何增进欲望 / 83

如何自制唇膏 / 84

如何避开认识的人 / 85

如何访问海外人士 / 86

如何刺青 / 88

如何制造鸟飞弹 / 89

如何生出漂亮的小孩 / 90

如何治牙痛 / 91

如何为女士调酒 / 92

如何测量脉搏 / 93

如何唱歌 / 95

如何制作巨蛋 / 97

如何解手 / 98

如何治愈各种伤口 / 99

如何整理草坪 / 100

如何选择游泳时的装束 / 102

如何在水中弹跳 / 103

如何保健牙齿 / 104

如何善用橙子 / 105

如何换尿布 / 107

如何杀死蛇 / 108

如何有礼貌地打嗝 / 109

如何讲笑话 / 111

如何让人笑到死 / 112

如何在十四天内瘦身成功 / 113

如何制作法式吐司 / 114

如何清除污渍 / 115

如何成为主厨 / 117

如何准备沐浴 / 118

如何制作芝士欧姆蛋卷 / 121

如何治疗青春痘 / 122

如何从舞会灾难中平复心情 / 123

如何喝啤酒 / 125

如何与人交谈 / 126

如何有礼貌地进食 / 127

如何跳舞 / 128

如何驱除蚊子 / 129

如何治恶心 / 130

如何打扮男士 / 131

如何用摩擦健身 / 132

如何让自己隐身 / 133

如何灭火 / 134

如何美白牙齿 / 135

如何魅惑男人 / 136

如何在餐桌上就座 / 137

如何制作巧克力 / 138

如何保持健康 / 139

如何制作番茄酱 / 140

如何向男人施展魅力 / 141

如何在旅行时也能安眠 / 142

如何生火 / 143

如何选择骑单车时的装束 / 145

如何赞美女士 / 147

如何预知死亡是否即将来临 / 148

如何洗头 / 149

如何制作"刺猬" / 151

如何预防瘟疫 / 152

如何酿造公鸡麦芽啤酒 / 155

如何制作芝士通心粉 / 156

如何治相思病 / 157

如何治疗眼疾 / 159

如何制作草皮长凳 / 160

如何判定自己是否怀孕 / 161

如何喂小孩吃饭 / 163

如何扮好男爵夫人的角色 / 165

如何打赢官司 / 166

如何预防喝醉酒 / 167

如何治头痛 / 168

如何入眠 / 169

如何保护婴儿 / 170

如何在跳舞时展现优雅神态 / 171

如何婉拒主子的老婆 / 172

如何制作圣诞节派 / 174

如何保持双手温暖 / 176

3

如何治头脑阻塞 / 177
如何改善记忆力 / 178
如何圆满达成出差任务 / 179
如何亲吻 / 180
如何制造彩虹 / 181
如何照顾你的狗 / 183
如何处理书籍 / 184
如何对你的女人甜言蜜语 / 185
如何种甜瓜 / 186
如何怀孕 / 187
如何照顾新生儿 / 188
如何制作干面条 / 189
如何从舞会中脱身 / 190
如何修眉 / 191
如何穿软木高底鞋 / 193
如何治放屁 / 194
如何制作蜗牛面包 / 195
如何调整你的姿态 / 197
如何使用培根肉 / 198
如何快速调出鸡尾酒 / 199

如何帮婴儿洗澡 / 200
如何清醒或入眠 / 201
如何预测坏天气 / 202
如何安排求爱行程 / 203
如何安抚长牙的婴儿 / 204
如何像绅士般地穿内衣 / 205
如何打理你的鼻子 / 206
如何预测生活花费 / 207
如何选择厨师 / 209
如何瘦身 / 210
如何判断月亮周期 / 211
如何预防老鼠偷吃乳酪 / 212
如何养猫 / 213
如何治疗酸痛 / 215
如何在学校守规矩 / 217
如何生活 / 218

注释 / 220
图片版权说明 / 239
实用速查表 / 243

ASK the Past
Pertinent and Impertinent Advice
from Yesteryear

如何在舞会中
令女士印象深刻

1538年

老兄啊，你在跳舞时，千万不要打嗝，要是不小心打嗝的话，你可就变成猪头啦。还有，跳舞时也千万别放屁，要想办法咬紧牙关，夹紧臀部，忍住让屁释放的冲动……可别流鼻涕，也别流口水，没有女人会喜欢有狂犬病的男人。在女士面前也千万不要随地吐痰，这么做会让人感到恶心，甚至想吐。万一你要吐痰，擤鼻涕，打喷嚏，也请记得把头转开；可千万别用手擦鼻子，请用干净的手帕擦拭，这才是正确之道。不要吃韭菜或洋葱，以免口腔内留下难闻的气味。

安东尼奥·艾瑞纳（Antonius Arena）
《跳舞准则》（*Leges dansandi*）

*

女人心海底针啊，但是，咱们不妨这么说吧：
狂犬病和放屁这种事，肯定不会让你在舞池里吃香的！

---

*编按：下方之文字，均为本书作者评论。

如何选择啤酒
1256年

啤酒种类繁多,有燕麦、小麦和大麦所酿成的;但是,只有燕麦和小麦酿成的啤酒比较好,因为喝了不会胀气。然而,无论啤酒是由燕麦、大麦还是由小麦酿成,它都很伤神、伤胃,都会造成口臭,伤害牙齿,让脑子里充斥有碍健康的酒气。任何喝了啤酒混葡萄酒的人,很快就会醉倒;但它确实有促进排尿的功效,也能使身体变得柔软洁白。由黑麦或添加薄荷和野芹菜的黑麦面包所酿成的啤酒,才是首选。

锡耶纳的阿尔杜布兰迪诺(Aldobrandino of Siena)
《身体饮食》(*Le régime du corps*)

来自葡萄酒产区的建议:
如果你很爱柔软洁白的身体和排尿的话,那么啤酒最适合你了。

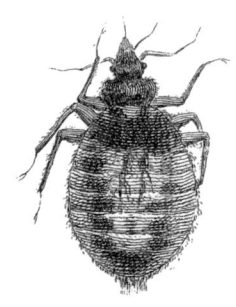

如何将臭虫赶尽杀绝

1777年

在床架缝隙之间洒上火药粉末；用火柴点燃，让烟一直熏着；持续大约一个小时以上，并保持房间关闭数小时。

《全能害虫终结者》(*The Complete Vermin-Killer*)

啥，你想要将臭虫赶尽杀绝，
却不想炸毁你的床，让周遭化为一片浓烟残骸?
看来，你从不曾受臭虫所苦。

如何放屁
1530年

有些人教导男孩应该夹紧臀部,以避免腹中气体排出。然而,若是为了顾及礼貌而憋出病来,可就不妙了。要是有机会离开现场,就让它默默释放;要是不能的话,就遵循古代谚语:用咳嗽掩盖屁声吧。

德西德里乌斯·伊拉斯谟(Desiderius Erasmus)
《男孩的礼貌教育》(*De civilitate morum puerilium libellum*)

伊拉斯谟是人文主义的泰斗,
其著作具有开创性的学术研究价值和深刻的社会批判性。
对了,他也是史上高明的藏屁大师。

如何搭讪女人
约12世纪80年代

男士向女士打了招呼之后,应该稍待片刻让女士先发言,看她有无意愿回应。假如你不是很健谈的人,若是女方先行开启聊天话题,你就可以安心了,因为她的回应会让你有足够的话题进行交谈……然而,如果女方拖了很久还没有回应的话,你必须在一阵停顿之后,巧妙地开启话题。可以先讲一些你随意观察到的有趣现象,或赞美她的家乡、家人,或是她本人。

安德烈神父(Andreas Capellanus)
《论爱情》(*De amore*)

男:你好。

女:你好。

男:……

女:……

男:你来自法国阿基坦,是吧?很棒的城市。

女:……

男:我喜欢你的装扮。

女:……

如何判定一个人是生是死
约1380年

此外,如果不确定一个人究竟是生是死,不妨将微烤过的洋葱凑近他的鼻子,要是他还活着,肯定马上会搔鼻子。

约翰纳斯·德·墨菲尔德(Johannes de Mirfield)
《巴塞洛缪夏日医书》(*Breviarium Bartholomei*)

别费事检查脉搏了,洋葱反应是唯一可信赖的生命迹象。

如何攻击敌船

1441年

战事发生时,最好的方法就是,将装满肥皂水的瓶子一一投掷到船上或敌人身上。瓶子破掉时,肥皂水就会洒满全船,战士们也会纷纷滑倒在地上……比肥皂水更妙的是满瓶的猪油。如果你想要烧掉敌人的船只,不妨丢一瓶猪油吧。这么做会产生两个作用:在船上的人将无法站稳;其次,如果你丢一小袋或一小管的炸药,就可以把船烧毁。

马里亚诺·塔可拉(Mariano Taccola)
《论机械》(*De ingeneis*)

这种方法肯定会让你的下一场海战在YouTube上爆红。

如何谈论你的孩子

1558年

那些老爱谈论自己的孩子、妻子或保姆的人,都犯了同样的毛病。"昨天我的孩子快把我笑死了。你听听……再也没见过比我家哞哞更可爱的儿子了……"没人有闲工夫回答你,更不想听这种废话,这种行为很讨人厌。

乔瓦尼·德拉·卡萨(Giovanni della Casa)
《礼仪》(*Il Galateo overo de' costume*)

过去的经验让我们学会许多历久不衰且重要的教训。

其中最重要的一个是:没人想听你"哞哞叫"。

如何解酒
1612年

人不该喝醉酒。只要喝断食用的蓍草汁,喝什么酒都不会醉了,就算醉了,它也会帮助你解酒。要不然吃些猪骨髓,你就不会喝醉了。如果你喝醉了,在私处抹上醋,就会渐渐清醒了。

《轻松小品集》(*The Booke of Pretty Conceits*)

当你需要快速解酒时,只有一个办法:将个人私处浸泡在醋中。这比灌两加仑黑咖啡更有效,流传下去吧!

如何在有限的预算下保持体面

约1280年

你的穿着应该是合宜、美好、剪裁合身的。如果你没有昂贵的布料制作衣服,只要有完美的剪裁,就算布料不怎么好,你看起来也会很不错,很体面。如果你没有漂亮的衣服,至少要让你的鞋子、皮带、钱包和饰品等尽可能精美……千万不要衣着不整洁,破烂的穿着显然一点也不讨人喜欢:穿着不整洁的衣服会让你看起来没有教养,而穿着破烂更是一点好处都没有。要让美好的服饰穿起来好看并不难,难的是知道如何将不怎么样的衣物化腐朽为神奇,令整个人看起来气派,赏心悦目。

阿曼尼欧·德·萨斯卡斯(Amanieu de Sescás)
《侍从教导指南》(Ensenhamen de l'escudier)

气派体面的外貌:关键就在配饰。

参见:如何打扮男士,1632年,第131页。

如何在水中修剪脚指甲
1789年

想要在水中修剪脚指甲……你必须右手拿着指甲刀（若你是右撇子的话），举起你的左腿，把脚放在右膝上，用左手扶着，这样就可以安全无虞地修剪你的脚指甲了。你也可以挑选脚指头；就算这么做没有什么其他用途或好处，这种灵活的手法还是值得大力推荐的。

梅奇泽迪克·特文诺（Melchisédech Thévenot）
《游泳的艺术》（*The Art of Swimming*）

不想浪费宝贵的运动时间在修饰打扮上，
或是不想将修饰打扮的时间浪费在运动上？
不妨试试这个把戏！

如何在水面上行走
1581年

如何在水面上行走？将两个小鼓绑在你的脚底下，并在拐杖底端绑上另一个小鼓，如此一来，你应该就可以安全行走于水面上，让大家共赏奇观。如果成功的话，你应该经常以此法锻炼自己的体格气魄和敏捷度。

托马斯·希尔（Thomas Hill）
《自然工艺合体论》（*Naturall and Artificiall Conclusions*）

好消息：在水面上行走只需要一对铃鼓和快速的步伐。
我要去健身房的游泳池练习展现这个奇观了。

如何捉苍蝇
约1393年

如果你的房间或居住的楼层有大批苍蝇出没,拿一些蕨类树枝条,用线把它们绑在一起,像流苏一样,挂起来,到了傍晚所有的苍蝇就会停留在上面,再将这串东西拿下来向外扔出去……要不然,将一只亚麻长袜绑在凿了洞的锅底,并将锅放置于苍蝇聚集的地方,锅内涂抹蜂蜜,放入苹果或梨子。当锅粘满苍蝇时,拿一个大盘子把锅盖上,然后用力摇动。

《持家指南》(*Le Ménagier de Paris*)

受不了难看的捕蝇纸了吧?
试试蕨类流苏和长袜滤锅这两种更具装饰性的防虫方法。

参见:如何杀跳蚤,1688年,第65页。

如何治疗流鼻血
1673年

将一块棉布用醋或冷水沾湿，敷在私处；将少量蟾蜍粉吹入患者的鼻子里，或和少许面糊拌在一起，用手指敷在上颚。如果还是没有效，给病人四喱[1]蟾蜍粉，混合两三匙芭蕉水，或是猪粪便的蒸馏水，这种方法经证明是很有效的，还没有其他的医学方法可以与之匹敌。

威廉·瑟蒙（William Sermon）
《疾病神奇疗法》（*A Friend to the Sick*）

17世纪邀你玩个有趣的小游戏，就叫：
"流鼻血补救措施，或是恐怖的启蒙仪式？"

---

[1] 喱，重量单位，约0.065克。

如何照顾你的猫

约1260年

这种动物喜欢被人轻轻地抚摸,也很爱玩耍,尤其是小猫。如果它在镜中看到自己的形象,会与之互动玩耍;要是它偶然间从井水里看到自己的倒影,也会想玩,然后掉入井里,淹没其中,全身会弄湿而不舒服,甚至死亡,除非迅速将它弄干。猫特别喜欢温暖的地方。因为它不能忍受夜间露水滴进耳朵里,如果将它的耳朵盖住,饲养在家里会比较容易。

艾伯特·麦格努斯(Albertus Magnus)
《论动物》(*De animalibus*)

艾伯特解释猫的照护。

猫喜欢:抚摸、镜子、温暖舒适。

猫不喜欢:水、井水、耳朵进水。

参见:如何养猫,约1470年,第213页。

如何避免怀孕
12世纪

如果女人不想怀孕的话，就在她赤裸的上身挂从未生育过的山羊子宫……另一种方法就是，捉一只公的黄鼠狼，摘掉它的睾丸后放生。让女人将黄鼠狼睾丸戴在自己胸前，然后把它绑在鹅皮或其他动物外皮上，如此一来，她就不会怀孕了。

《女性医学大全》（*The Trotula*）

噢，这种裸体挂山羊子宫、将黄鼠狼睾丸戴在胸前的招数！这些招数除了能够防止怀孕，也会让男人"性"趣缺缺吧。

参见：如何怀孕，1671年，第187页。

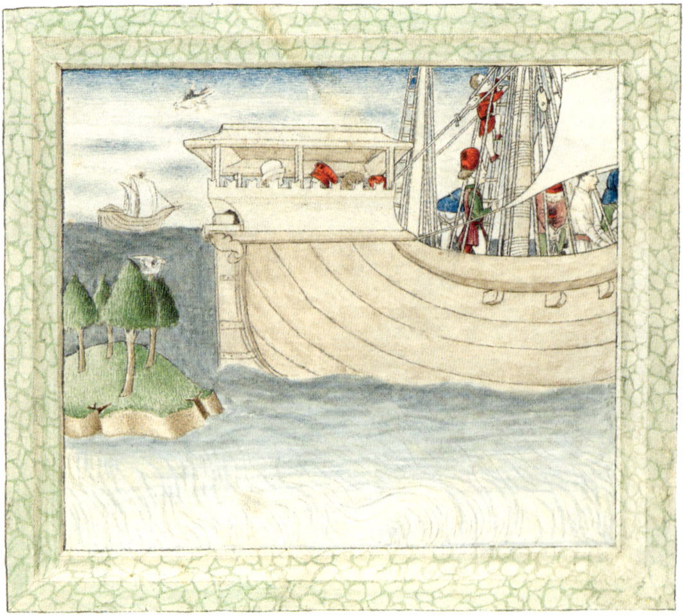

如何打包行李
1480年

（旅行者）应随身携带两件行李：一件装满耐心，另一件则装有200威尼斯金币，要不至少要有150……此外，还需准备很棒的伦巴第[1]奶酪、香肠、舌肉和各式各样的腌制肉类；还有牛奶饼干、蛋糕等各种甜点，但也不要准备太多，因为这些食物容易腐坏。最重要的是，应该带足够的水果糖浆，这是让人在极热的环境下存活的秘方；还有姜糖水，在反胃、呕吐过度的情况下，将有助于缓解肠胃不适。

圣托·伯拉斯加（Santo Brasca）
《朝圣之旅》（*Viaggio in Terrasanta*）

机场安检可能会没收你的水果糖浆，海关也可能会没收你的腌肉，但没人能夺走你装满耐心的随身行李。

参见：如何选择船上的座位，1458年，第45页。

1　伦巴第（Lombard），位于意大利北部，盛产奶酪。

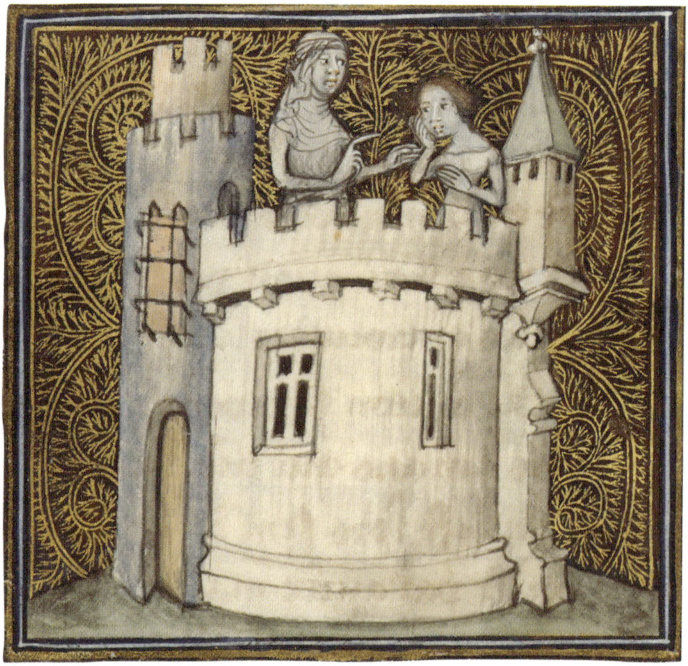

如何搭建面团城堡

约1390年

将揉好的面团擀平,宽一英尺,长度更长一些。用擀面杖做出四个相当于手臂粗细、高六英寸的柱状面团。再做一个更粗的置于中间。将擀好的大张面皮开口向上固定,其他四个柱状面团固定在各个角落。精心雕刻出如碉堡城垛般的锯齿状,用烤箱或放置在阳光下使面团干燥固定。在中间的柱状面团填入以上等香料和加盐的生鸡蛋调制而成的猪肉馅料,再用番红花着色。其他四个柱状面团,第一个用杏仁膏填充,涂成白色。第二个,填入牛油、鸡蛋混合物,用小叶紫檀染成红色。第三个,填入无花果、葡萄干、苹果、梨子,涂成褐色。第四个,以白色油炸面团作为馅料填充,涂成绿色。将之置入烤箱,适度烘烤,搭配开胃烈酒一起食用。

《烹饪表现形式》(*The Forme of Cury*)

也就只有城垛上填满猪肉和布丁馅料的,
才称得上是真正完美坚固的城堡了。

如何安抚小孩

约 1000 年

如果小孩非常不开心，拿马兜铃科植物来为孩子消毒吧，你会让孩子更快乐的。

《古英语植物标本馆》（*Old English Herbarium*）

生气的小孩子很像一个发怒的蜜蜂蜂巢。
要用烟熏，同时小心翼翼地应付。

如何清洁牙齿

1561年

取一夸脱水,加入一盎司糖,煮沸挥发掉三分之一,用一块布过滤,冷却后尽可能多喝一点。建议在早上和中午用温水清洗你的口腔,并按摩你的牙齿;也可以用温水清洗额头和太阳穴,此举具有清洁和保持头部清爽的功效。

希尔尼玛斯·本茨威格(Hieronymus Brunschwig)
《家庭医药大全》
(*A Most Excellent and Perfecte Homish Apothecarye*)

下次漱口水用完时,你不妨试试简易的糖浆。

参见:如何美白牙齿,1686年,第135页。

如何消除头痛
9世纪

头痛时你要使用魔咒,抓一些泥土,触摸胸前三次,并说道:"我的头好痛,怎么会痛呢?我的头不痛。"

伪普林尼(Pseudo-Pliny)

永远比止痛药还有效的老招:拒绝面对现实。

如何将头发染成绿色
1563年

想要将头发染成绿色，不妨取新鲜的刺山柑蒸馏萃取之，再用这些水在阳光下洗头，头发就会变成绿色的。

阿列修·皮蒙特西（Alessio Piemontese）
《皮蒙特·亚历克斯大师的秘方——第二部》
(*The Second Part of the Secretes of Maister Alexis of Piemont*)

正值叛逆期吗？还是想要自制速成的树装造型呢？
刺山柑洗发精来帮你喽！

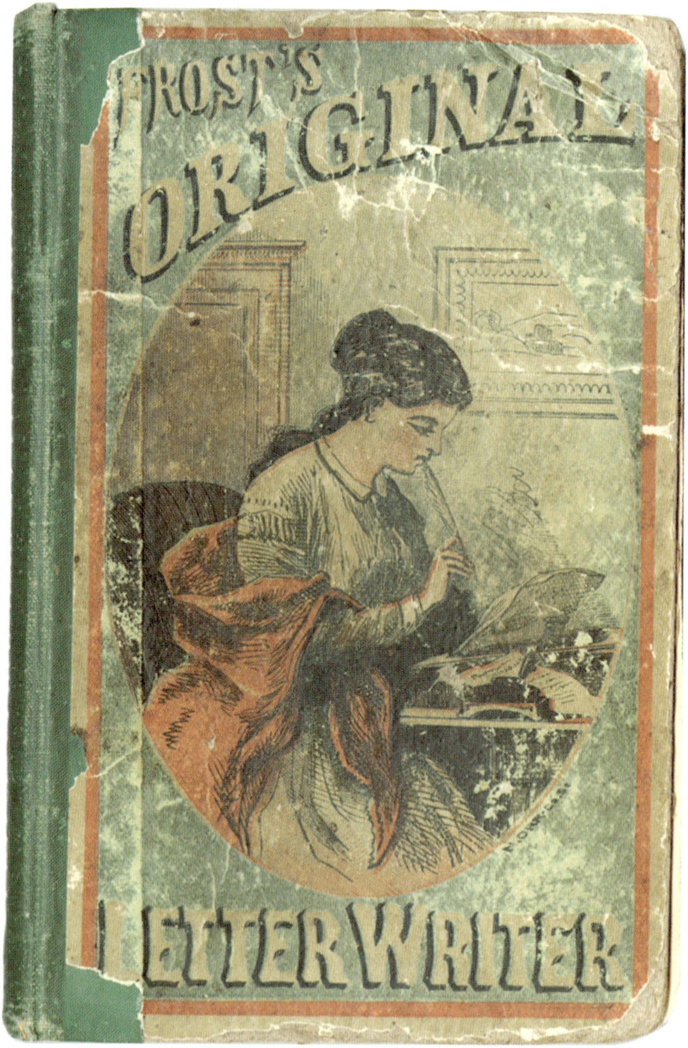
FROST'S ORIGINAL
LETTER WRITER

如何写慰问信
1867年

致意外遭截肢的朋友

亲爱的朋友:

　　听到你的意外事故,我内心深处的震惊和痛心无法用言语表达……庆幸的是,你的右手臂没有受伤,因为右手肯定是你最仰赖和最有用之处……如果有任何需要我为你效劳的地方,请记住,身为你的朋友,能够帮助你永远是我最真诚的愿望。

你的朋友
爱德华·波茨

萨拉·安妮·弗罗斯特(Sarah Annie Frost)
《弗罗斯特的书信创作》(*Frost's Original Letter-Writer*)

　　需要写封真心诚意的慰问信,却又忙到感受不到真正的怜悯之心吗?
　　这套特殊的制式信函全集很方便,全包了。
　　但是,可别忘了修改文中提及肢体的部分啊。

32

如何生孩子
约1450年

我建议你大声尖叫，好让大家都知道你正在承受极大的痛苦，你丈夫和家里其他成员就会很同情你，会奉上阉鸡、蜜饯杏仁和美酒伺候你，以消减你的痛苦之火。

米歇尔·萨沃纳罗拉（Michele Savonarola）
《孕妇饮食调理》（*Ad mulieres ferrarienses*）

别担心生育这事了。
但是，切记手段要高明一点儿，
这样才有机会享用美酒啊。

参见：如何照顾新生儿，1256年，第188页。

如何养马

1620年

在公马和母马交配前约八到十天，双方都具有强大的欲望和勇气之际，每天喂它们均等混合的甜燕麦和甜小麦干粮……同时，为了让它们达到更完美的交配，在那八到十天之间，在它们所喝的水当中（如果它们被预估是有价值的马），每一加仑加入一品脱白葡萄酒……有时候，也可以给它们喝半加仑浓度的陈年啤酒或麦酒，配上一条小麦面包，并且保持马棚的干净和舒适。

尼古拉斯·摩根（Nicolas Morgan）
《骑士荣耀》（*The Horse-mans Honour*）

这样的喂养方案会让每个人都有交配的冲动：
美味的晚餐，舒适的宿舍，还有酒可以喝。
哦，再加上一大片美味的烤面包。

如何保养你的鲁特琴

1676年

你要是知道该如何在最坏的（潮湿的）天气里收藏你的鲁特琴，就没问题了。白天的时候，把它平放在平时睡觉的床铺上，置于毛毯和毛毯之间，但千万不要放在床单上面，因为床单可能因汗水而变得潮湿……因此，一张床就能省去所有不便之处，并保持你的黏着剂如玻璃般坚固，一切安全可靠。只有一件事要特别注意，当鲁特琴在床上时，别让人随意在床上翻滚，我听说过几把不错的鲁特琴因这种把戏而遭毁坏的事儿。

托马斯·梅斯（Thomas Mace）
《音乐的丰碑》（*Musick's Monument*）

把你的鲁特琴想成是一只小狗：
只想钻进你的床里。拜托嘛！

如何帮你的小孩穿衣服
约1200年

只要给小孩穿便宜的衣服就好。他们会玩沙、弄脏衣服、留下污渍,又会流口水,还会用沾了泥巴的袖口擦鼻涕。

贝克尔斯的丹尼尔(Daniel of Beccles)
《文明人之书》(*Urbanus magnus*)

👉

中世纪实用的育儿建议:
让孩子穿老旧的麻布袋就好了,直到他们不再流口水、流鼻涕为止。

参见:如何喂小孩吃饭,1692年,第163页。

如何防止背痛

约1470年

只要你避免用地上生长的草，或任何一种树叶擦屁股，你就绝对不会有背痛的困扰。

《女性的福音》(*Les Evangiles des Quenouilles*)

你可能认为用树叶代替卫生纸是省钱的妙招，
但还是听从15世纪的谏言吧：不值得啊！

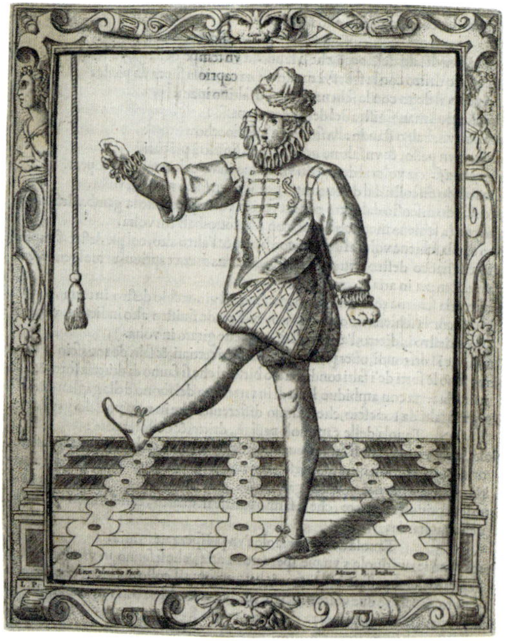

如何打理跳舞时的装束
1538年

你必须总是装扮得很完美,而且你的下体盖片务必要绑紧。我们偶尔会看到有人在巴斯探戈舞[1]行进之际,下体盖片掉到地上了,所以你可千万要把它绑好才行。

安东尼奥·艾瑞纳(Antonius Arena)
《跳舞准则》(*Leges dansandi*)

☞

哦,那焦虑的梦:
你正在与丰满匀称的少女享受巴斯探戈舞之际,
却猛然发现地板上的下体盖片是你掉的!
老天啊,把它绑紧,千万别让这事儿发生在你身上!

---

1 编按:14—15世纪风靡欧洲宫廷的舞蹈。

如何增肥

1665年

如何让身体太瘦的部位丰腴肥厚起来？夏天的时候，用紫罗兰、百合等鲜花让你的房间保持凉爽和潮湿。吃东西的时候，不要吃太咸、太辛辣、太苦或太烫的食物，要吃新鲜、有营养的食物，像是新鲜的鸡蛋、羊肉、牛肉、阉鸡。进食后三小时内，做一些休闲娱乐活动，像是跳舞、唱歌、聊天等。每个月泡澡两次……取十二或十三只蜥蜴或蝾螈，截头去尾，将之煮沸，让水冷却，取出油脂部分，与小麦花混合，以此喂食母鸡，直到它长胖之后再宰杀来吃。长期使用这一招会让你极其肥胖，这是珍贵的秘方，好好保存。

托马斯·杰姆森（Thomas Jeamson）
《保持美丽的秘方》（*Artificiall Embellishments*）

吃羊肉、跳舞和每月两次的泡澡都很不错，
但不要告诉任何人让你超级肥胖的蝾螈秘方。

如何减重

1665年

女士们，请特别注意，保持你的身材比例匀称，万一变胖到了一个夸张程度的话，遵循以下的方针，让身材缩减至原来的范围，你或许就能重获美丽与赞赏了：早起并激烈运动到出汗；多禁食，用餐时饱足感达一半即可离席；让第一道菜是油腻、多脂的食物，你的胃口可能很快就感到满足，身体脂肪也易溶解；第二道菜则是辛辣、重咸、苦涩的食物；食用所有肉类时搭配醋、胡椒、芥末、橙汁和柠檬；晚上睡在被子之上。

托马斯·杰姆森（Thomas Jeamson）
《保持美丽的秘方》（*Artificiall Embellishments*）

我的妈呀，你已经超出一般的身材比例了。
该准备一些油腻的开胃菜，拿出减重被单了！

参见：如何在十四天内瘦身成功，1579年，第113页。

如何制作粉红色的松饼

1786年

要想制作粉红色的松饼,就将一大块甜菜根煮到软,并在大理石研钵中将之捣碎,再加入四个蛋黄、两勺面粉、三勺新鲜的奶油,依个人口味调整甜度,加入半个磨碎的肉豆蔻香料,再加入一杯白兰地;全部混在一起搅拌半小时,用黄油油炸,再用绿色的糖果、腌渍杏仁或桃金娘绿枝装饰之。

伊丽莎白·雷佛德(Elizabeth Raffald)
《经验丰富的英国女管家》
(*The Experienced English Housekeeper*)

如果你的松饼不是粉红色的,你就称不上是淑女喽!

如何骑马

约1260年

如果你去骑马,要小心错误的步伐;如果你骑马进城,我提醒你保持有礼貌的骑马风范。要骑得优雅,头部微微下垂,而不是动作粗野狂暴;不要专注盯着每间房子的高度;切记,行进时不要像从乡下来的人;不要像鳗鱼一样滑溜,而是要稳步走在路上,走在人群之中。

布鲁内托·拉丁尼(Brunetto Latini)
《宝藏》(*Il Tesoretto*)

不是每个人都适合在城市里骑马:
要么控制好自己不要横行霸道,要么滚回你原来的地方。

如何煮咖啡
1685年

我们现在必须详细说明咖啡这种饮料的烹煮过程：将咖啡豆放入铁制器具中，用盖子牢牢地盖上；通过这个器具，在火中不断翻转推进，直到咖啡豆经过完美的烘烤之后，再将之捣碎成很细的粉末，就可以用了。把咖啡粉加入一杯煮沸的水中，加入少许白糖，再让它煮沸一小段时间之后，就可以倒入瓷器或其他容器中。接下来就慢慢品尝，趁热啜饮。

菲利普·西尔维斯特·迪佛（Philippe Sylvestre Dufour）
《咖啡、茶、巧克力之烹煮技巧》
（*The Manner of Making Coffee, Tea, and Chocolate*）

我敢肯定西雅图极品咖啡一定很乐意采用。
为了清楚起见，带着这个咖啡机的图示去吧。

如何选择船上的座位
1458年

首先，如果你上了甲板……在甲板顶层的地方帮自己找个位置，因为在最下层的甲板都是又闷热又脏臭的。

威廉·韦（William Wey）
《威廉·韦的旅行指南》（*The Itineraries of William Wey*）

☞

没有什么比又热又臭的巡航更糟的了。

参见：如何治晕船，1695年，第48页。

如何喝汤

1595年

要注意,你的汤虽不是浓汤,仍要用汤匙从容不迫地享用,不要贪婪地把它塞进嘴里,或发出用力的吸食声,像一些小丑一样,每喝一口汤就听到呼噜呼噜声。同时也要注意,不要让浓汤或是酱汁不小心洒到桌布或自己的衣服上。

威廉·费斯顿(William Fiston)
《学童礼仪教育》(*The Schoole of Good Manners*)

OK,粗鲁人士,这里有喝浓汤的指导守则:
一定要用汤匙;不要发出声音。

如何训练会表演的狗
约1260年

狗是到目前为止最容易教的动物了。它们会学习模仿别人的动作。如果有人想要亲自确认这一点,可能的话,请他带一只雌狐或狐狸生出的狗,或者让他从自己的看门狗中找一只红色的狗,训练它从小就习惯和猴子相处。和猴子在一起,会让狗习惯做很多人类会做的举动。如果它和猴子交配,猴子生出一只小狗,那只狗将会是所有竞赛之中最受赞赏的。

艾伯特·麦格努斯(Albertus Magnus)
《论动物》(*De animalibus*)

哦,拜托,还有什么比一只会表演的猴子狗更有趣的,你能想出来吗?依我看,不能!

参见:如何照顾你的狗,约1393年,第183页。

如何治晕船
1695年

有人向我保证,最好的解决办法就是:无论白天或晚上,总是取一块泥土放在鼻子下。因此,他们提供充足的新鲜泥土,放在黏土罐中保存;当这块泥土因为长期使用变干之后,他们会把它重新放入黏土罐中,再取出一些新鲜的泥土。

马西米利昂・米森(Maximilien Misson)
《意大利新航程》(*A New Voyage to Italy*)

👉

除了缓解晕船之外,
泥土疗法也会产生帅气小胡子的假象。双赢!

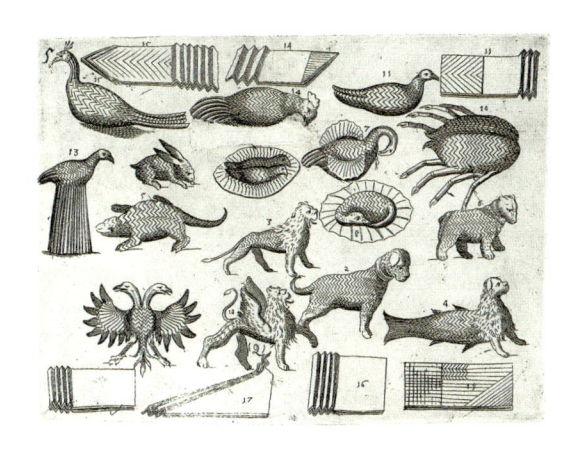

如何折叠出令人惊羡的餐巾纸
1629年

用餐巾纸制作出人字形图案……由人字形图案，你还可以制作出所有重要的动物……一整座城堡的哨兵和火炮，以及一艘设备齐全的船只……金字塔、鸵鸟、孔雀、鹳、叠罗汉、半人半马的怪物和其他巧妙迷人的作品，比如，整个餐桌上都是餐巾纸折出来的猎队。

《餐巾折叠艺术论》
(*Li tre trattati di messer Mattia Giegher*)

等你完成了那奇妙的餐巾纸城堡后，
你可要有心理准备誓死保卫它，不让客人拿来擦嘴巴。

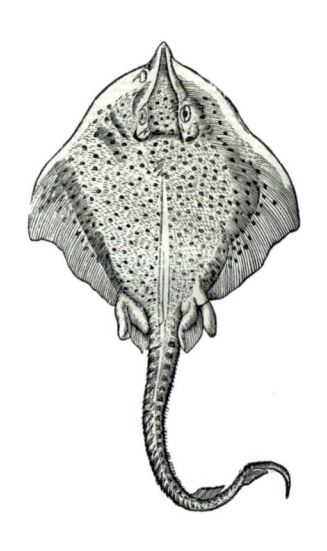

如何捕捉魟鱼
1658年

当渔民看到蓝纹魟或魟鱼在水中游时,他会很可笑地跳到船上去,开始在输送管上玩耍,蓝纹魟会受骗而浮到水面上,另一个人再将之捕获。

吉安巴蒂斯塔·德拉·波尔塔(Giambattista della Porta)
《第二十卷:大自然的奥秘》
(*Natural Magick, in XX Bookes*)

文件归档在"户外活动爱好者坚守的最高机密"。

如何培养你的小孩
12 世纪

应该把不同类型的图片、各种颜色的布料和珍珠放在孩子面前。应该采用儿歌和简单的单字;在孩子面前所唱的儿歌,不应该有粗俗或难听的字眼(如伦巴第族人所唱的)。到了要学说话时,让保姆常常在孩子的舌头上涂抹蜂蜜和奶油,特别是针对语言发展迟缓的孩子,更应该这么做。经常在孩子面前说话,并采用简单易懂的文字。

《女性医学文选》(*The Trotula*)

啊,珍珠会造成窒息的危险。但是,说真的:
真正会危害到你孩子身心健康的是伦巴第族刺耳的歌曲。

参见:如何帮你的小孩穿衣服,约1200年,第36页。

52

如何解梦
约1100年

- ▼ 被你深爱的男人拥抱：这很有益。
- ▼ 热水沸腾冒泡的梦：这不太好。
- ▼ 从马上摔下来：这会是巨大的灾难吧。
- ▼ 不小心坐到粪便：你将会经历各式各样的伤害。
- ▼ 装饰你的头顶造型是一个好兆头。
- ▼ 拥抱你的母亲是一个非常美好的梦。
- ▼ 朋友啊，梦到呕吐会导致损失。
- ▼ 梦到吃硬壳的海鲜，意味着疾病。
- ▼ 梦到最上等的葡萄酒：期待喜悦吧。

《吉曼努斯的解梦术》摘录
(*Oneirocriticon of Germanus*)

朋友啊，清醒时坐到粪便也一样不吉利啊！

如何像绅士般游泳
1860年

每一位游泳者都应该穿着短衬裤,在特定地点或许还要穿帆布拖鞋。更重要的是,要能穿着西装外套和长裤游泳。

唐纳德·沃克(Donald Walker)
《沃克的男性运动法》(*Walker's Manly Exercises*)

你要赶去面试,但是桥梁被封了。

你是要错过面试,还是穿着短衬裤抵达现场?

两者都不必。你还是穿着你的西装,像个绅士一样。

参见:如何在水中修剪脚指甲,1789年,第16页。

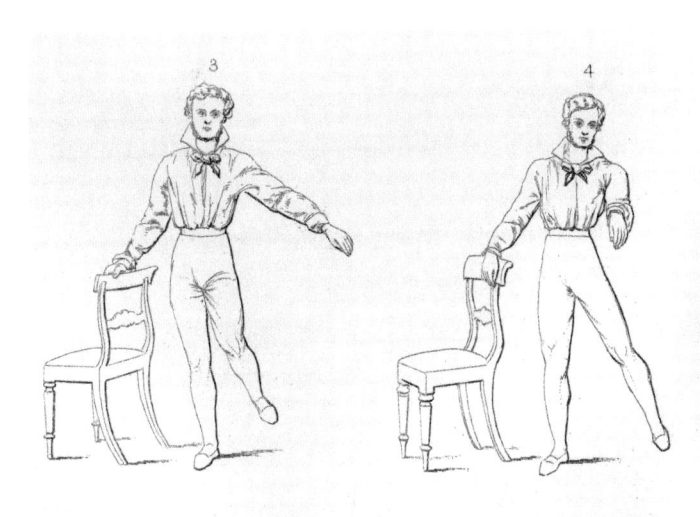

Swimming — Action of the Feet.

如何护理牙齿

1595年

要保持牙齿清洁,每天早上起床之后,用亚麻布按摩你的牙齿和牙龈,因为这种做法是最健康卫生的。至于美白牙齿的牙粉,就留给漂亮的女士吧。过度使用食盐或明矾按摩牙齿,会损害牙龈。至于用尿液清洗牙龈的法子,就留给西班牙人吧。如果有任何东西塞在牙缝,不要用刀子将它取出,不要像猫和狗一样用指甲,也不要用餐巾纸,而是要用精致木头、羽毛管或阉鸡腿部小骨制成的牙签棒。每天早晨用干净的水漱口一次,这是公认合宜又健康卫生的做法:但是一天之内重复多次,则是愚蠢、不体面的。舌头的部分,我们会在别处说明。

威廉·费斯顿(William Fiston)
《学童礼仪教育》(*The Schoole of Good Manners*)

有道理,你应该好好护理自己的牙齿,但应该不至于用尿液吧。还有,我们也不要太过执着,每天漱口一次以上简直太夸张了。而刷牙?那是女生的事。

参见:如何清洁牙齿,1561年,第27页。

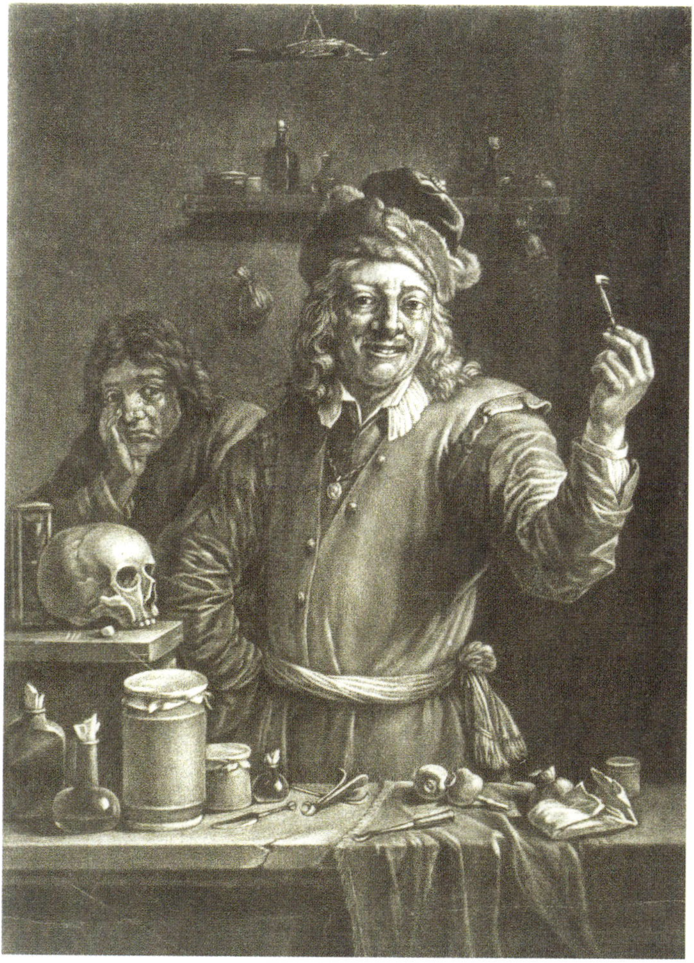

如何像学者一样与人交际
1558年

和别人相处时,一直压抑沮丧或分心都是不恰当的。此举对于那些长期追求学术研究、大家所谓的自由主义者或知识分子而言,或许是可接受的行为。但是对于一般人,无论任何情况下,这都是不被允许的。

乔瓦尼·德拉·卡萨(Giovanni della Casa)
《礼仪》(*Il Galateo overo de' costume*)

☞

它们之所以被称为"人文教育"(liberal arts)[1],
正因为它们让你解放,免于令人悲叹的应酬交际责任。

---

1 编按:libral,又有自由之意。

如何使用钻石
约1350年

应该将钻石戴在左侧，戴在左侧会比在右侧更具有功效。任何人佩戴了钻石（如果是免费赠予的钻石），都会变得大胆无畏，并维持肢体健康。钻石让人拥有恩典，只要理由是正当的，无论是在战争中还是诉讼中，他都能够战胜敌人。任何人想以巫术或魔法伤害佩戴钻石的人，都将徒劳无功。任何野生的或是有毒的动物也无法伤害佩戴钻石的人。你必须明白，钻石必须是他人免费赠予的礼物，而不是觊觎或收购得来的，那么它才具有更强大的力量，能够使人更勇敢地对抗敌人。

约翰·曼德维尔（John Mandeville）
《旅行游记》（*Travels*）

很难抗拒"绝不要自己掏腰包买钻石"的策略啊。

参见：如何让自己隐身，1560年，第133页。

如何使龙喷烟火
1658年

如何使龙这类动物实际运作，喷出火焰？龙的身体必须由硬纸板或是细枝条做成，腹部的地方要有能放置两个信号火箭的空间……首先，在眼睛和嘴部安置火箭，然后将嘴里的那枚火箭朝龙的尾巴发射，这将使它像是全身着火焚烧，直到不动为止；然后，突然之间（就像一只意外受伤的动物）龙的腹部又会再出现火光：一切照章行事的话，将会使旁人看得心满意足。

约翰·怀特（John White）
《烟火艺术创作指南》（*A Rich Cabinet*）

☞

这奇观若按计划进行，
看似意外受伤的生物会四处乱窜、喷出火焰。
如果出了差错，烟火技术人员也能演出同样的把戏。
无论使用哪种方式，都会让旁人惊叹不已。

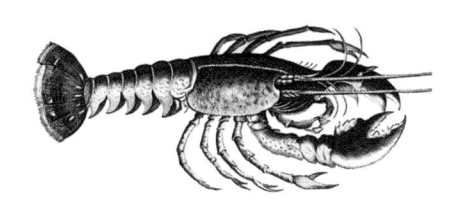

如何利用龙虾辅助园艺
1777年

想办法取得龙虾、螃蟹爪子的空壳,并把它们挂在花园的各个地方。昆虫爬进爪子空壳后,就会很容易捕捉;但是常常得想办法找到龙虾、螃蟹的爪子。

《全能害虫终结者》(*The Complete Vermin-Killer*)

这种技术的问题是,你必须吃很多龙虾。

有机园艺可是很辛苦的事呢。

如何烹煮豪猪

1570 年

在 8 月时取得豪猪,由于喂养的关系,那个时节正是豪猪最肥美的时候,虽然它的肉质在 10 月至次年 1 月之间腥味较小。宰杀豪猪之后,将其悬挂起来——冬季四天,夏季则需一天半的时间……塞入一些大蒜、丁香和迷迭香,用以去腥。然后将其串在铁叉上烘烤,保存滴落的烤肉汁。大功告成之后,趁热上桌,搭配一些果汁糖浆、玫瑰醋、胡椒、肉桂、丁香和肉汁等调味料。

巴托洛梅奥·史加皮(Bartolomeo Scappi)
《中世纪烹饪大师厨艺大全》(*Opera*)

然后就是丢下整个臭烘烘的烂摊子,叫外卖喽。

如何锻炼身体

1623年

当皮肤湿透沾满汗水时,最好停止运动,若是持续进行的话,不但会筋疲力尽,而且脂肪也会溶化,还会发出臭味;因此,就算没有造成猝死(通常很可能发生),身体也会变得体弱多病、憔悴、畏寒……最适宜、最有益、可靠又健康的运动,就是散步、打保龄球、打网球等这一类轻松的活动了。

托巴雅斯·维纳(Tobias Venner)
《健康长寿秘方》(*Via recta ad vitam longam*)

老天啊,千万不要再使用有氧运动器材了。
发出臭味的脂肪听起来可不是在开玩笑!

如何洗发

12 世纪

离开浴池之后,让她装点她的秀发。首先,让她用这款特制的洗发精。取藤蔓烧成的灰烬、大麦秆、欧亚甘草(会使秀发更具明亮光泽)、仙客来……让女人用这款洗发精清洗秀发。洗涤之后,让头发自然风干,她的头发将如黄金般闪闪发亮……如果女人想要拥有一头又长又黑的秀发,取一只绿色蜥蜴,截头去尾之后,放入家常的油中烧煮,抹上这种烧煮后的油之后,就会让头发变得又长又黑。

《女性医学文选》(*The Trotula*)

泡沫。冲洗。绝不重复。

参见:如何准备沐浴,约1450年,第118页。

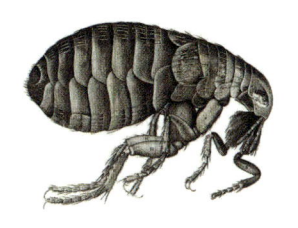

如何杀跳蚤
1688年

取一个宽而浅的陶制大圆盘，装入半满的山羊血，然后放置在床底下，所有的跳蚤就会一窝蜂地跑进去。或者是，取出熊或獾的血，以同样的方式放在床底下，跳蚤也会聚集在那里，并立即死亡。

R. W.
《家庭必备之书》(*A Necessary Family Book*)

千万记住，如果你正在策划一个激情之夜，
你可能得事先将消灭跳蚤的神奇设备移开！
床下一大盘熊血可是会让一些人欲火全消的。

参见：如何将臭虫赶尽杀绝，1777年，第6页。

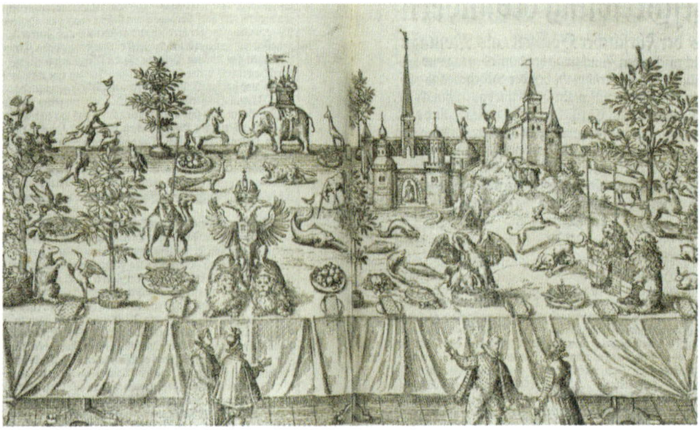

如何装饰餐桌
1474年

我们必须依据季节来摆设餐桌：冬季要在室内温暖的地方；夏季则在凉爽开放的空间。春季时，在餐厅里和餐桌上都要布置鲜花。在冬季，空气中应散发芳香的气味；在夏季，地面上应点缀芬芳的树枝、藤蔓和柳树，使用餐之处耳目一新；在秋天，屋顶上则悬挂着成熟的葡萄、梨和苹果。餐巾纸应该是白色的，而桌布也要纯净无瑕，否则的话，会让人感到不舒服，了无食欲。

巴托罗梅欧·帕提那（Bartolomeo Platina）
《健康愉悦的美食理论》（*De honesta voluptate et valetudine*）

晚宴筹备清单：邀请客人；准备餐点；
砍树枝，将其点缀在餐厅周围。

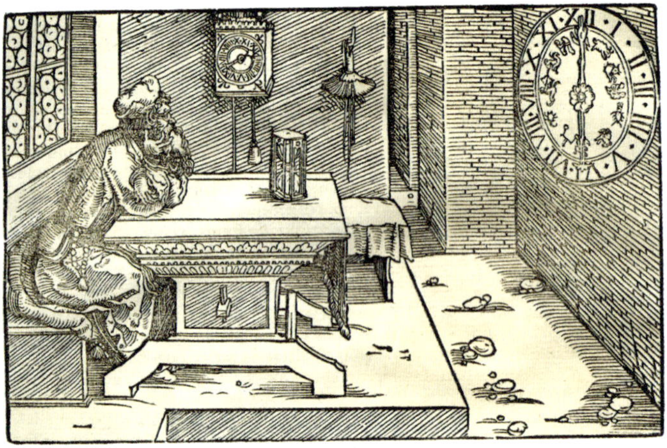

如何预测时间
1658年

想要知道白天或夜晚的任何时刻,还有一个很棒的准则。两人(或多人)聚在一起时,让其中一人从地面上取一样东西(随便什么都行),并把它交给身旁的另一个人。注意,如果那样东西已经成长,并可能继续生长,像是种子、草本植物之类的东西,那么此刻的时间便是一点、四点、七点,或十点左右。如果所拿的东西永远都不会长大,也不可能生长,如石头、金属、锅、陶片、玻璃之类的,那么此刻的时间便是二点、五点、八点,或十一点钟左右。但是,如果取得之物是已经成长,但永远不会再继续生长的,像是枯枝、贝壳等诸如此类的东西,此刻的时间便是三点、六点、九点,或十二点钟左右。但是,千万要记住,无论是判断时间的这个人,还是从地面上拿东西的这个人,在试验这个奇想之前,都不得事先知道当下的时间。

约翰·怀特(John White)
《烟火艺术创作指南》(*A Rich Cabinet*)

这种技术的精确度保证在一两个小时之内,
前提是你在做实验之前或之后都没有偷看时间哦。

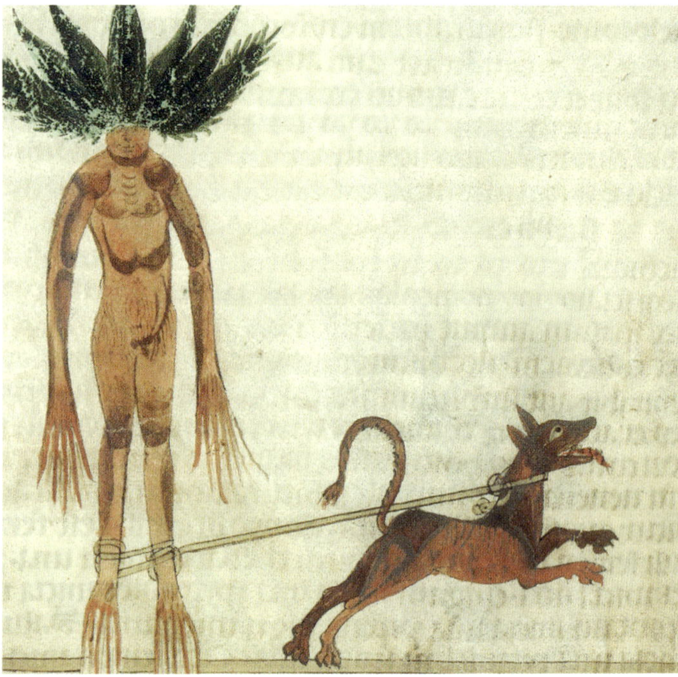

如何收割曼陀罗
12 世纪

　　它在夜晚时就像是一盏灯，闪闪发光。你一看到它，就要迅速用铁具标记起来，以免它逃脱。它本身具有十分强大的力量，如果它看到不干净的男人靠近，就会立刻跑掉。因此，一看到它就要用铁具标记，然后把它挖出来。注意不要让铁具触碰到它，要小心翼翼地用象牙棒将泥土拨开。当你看到这株植物的根部分叉时，你应该立刻用一根新的绳索将它绑住，同时将绳索另一端绑在一条饿狗的脖子上，并在离狗不远之处放置食物，饥饿的狗为了取得食物，可能会向前冲而将曼陀罗连根拔起。

《植物药材指南》

（*Apuleii liber de medicaminibus herbarum*）

　　我不确定种植曼陀罗究竟是否值得。
费这么多功夫，就只因为你找不到一个干净的男人去挖曼陀罗？

如何治失眠
1597年

在日出之前,用你的左手摘起莴苣,把它放在病患的床铺下,(在他不知情的情况下)让他入睡。或是收集五片、三片或一片莴苣茎叶,将之放置在他脚下,同时多放一些在枕头的旁边,在他不知情的情况下,让他入睡。

威廉·兰厄姆(William Langham)
《健康花园》(*The Garden of Health*)

好消息!
失眠症患者,你需要的只是一苗圃的莴苣。

如何训练猫耍花招
1809年

或许可以训练猫咪拉铃绳、手枪射击，以及许多类似的招数……不妨将一小块布附着在连接铃铛的细绳之下，好让猫咪得以抓取。凑近一点诱使猫咪将它抓住，或是用它来激怒猫咪。一旦猫咪将它抓住，让铃铛发出声响之后，就要奖励它……也可以遵循此法，以同样的方式训练猫咪射击，将一块布连接在扳机上，把手枪放在一个固定的位置。一开始训练它猛咬连接扳机的布就行了，然后就可以用上火药帽，最终使用炸药。

《汉尼的动物训练技艺》（*Haney's Art of Training Animals*）

但愿这种愚蠢的动物招数是发展在YouTube风行的时代！

如何进行晚餐对话
1576年

在餐桌上我们首先要观察的，应该是衡量每一位客人的身价和头衔，接下来就是找恰当的时机，提出有用又受欢迎的问题……因此，最重要的是，提出下列问题：

- ▼ 人要存活，究竟是比较需要空气，还是肉类？
- ▼ 同一种酒让斋戒者和饱食者喝了，为什么斋戒的人会觉得酒比较烈呢？
- ▼ 提到臭酸嗝气的话，或许可以问这味道打哪儿来的？
- ▼ 从病中复原的人，吃肥肉好吗？
- ▼ 一个月酩酊大醉一次，是否妥当？
- ▼ 喝了没有掺水的葡萄酒为什么会比掺了水的更容易造成头痛呢？
- ▼ 为什么小孩天生不爱喝酒，而老年人却特别爱喝呢？
- ▼ 喝酒是否会伤神？
- ▼ 鱼会不会喂养自己的小鱼呢？
- ▼ 鱼会不会吃自己的肉呢？
- ▼ 豆类引发胀气，为什么水煮之后还是不能免除这个毛病呢，就像大麦一样？

托马斯·托恩（Thomas Twyne）
《餐桌礼仪指导》摘录
(*The Schoolemaster, or Teacher of Table Philosophie*)

饮酒、消化和胃肠胀气这些没完没了的问题，
还有什么晚餐对话比它们更受人欢迎的呢！
喝酒会伤神吗？天知道啊，但这些问题肯定让人头疼。

如何治疗秃头
13世纪

用磨碎的洋葱不断地按摩你的秃头之处,就能够恢复你头顶的魅力。

《健康养生准则》

(*Regimen Sanitatis Salernitanum*)

别担心!
就算这个补救措施不会让你的头发再生,
洋葱润滑过的头皮肯定很迷人。

如何吸引情人

1699年

制作一只魔法戒指,吸引别人爱上你吧。取一只中空的戒指,将山羊的胡子浸泡在龙葵植物或是一种人称延龄草的草药汁液当中,将它穿过戒指,任何戴上这只戒指的人,都会爱上你。

《亚里士多德的遗产:抑或,揭开他珍贵的秘密之库》
(*Aristotle's Legacy: or, His Golden Cabinet of Secrets Opened*)

☞

试想:在一起多年之后,和情人一同回想起
促成你们相恋的这只山羊胡戒指,多美妙啊。
哦,甜蜜的回忆!

参见:如何增进欲望,11世纪,第83页。

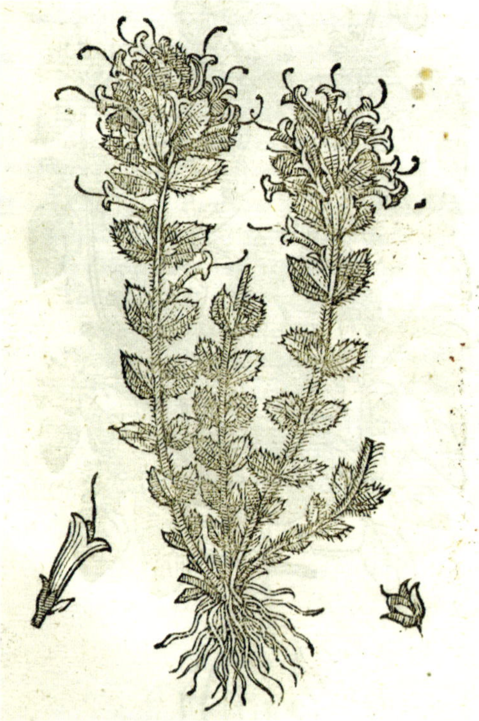

如何自我防护，免受罗勒草侵害
1579年

有一位意大利人，由于经常闻一种叫罗勒草的香料，结果脑袋里长出一只蝎子[1]，不仅造成他长时间的痛苦，最终还夺走了他的性命……因此，爱闻罗勒草的人要小心喽。

托马斯·勒普顿（Thomas Lupton）
《一千件值得注意之事》（*A Thousand Notable Things*）

你们这些爱好罗勒草的人，改掉你们的坏习惯，觉悟吧！
你对罗勒香蒜酱的痴迷真的值得让你
甘冒脑袋长蝎子而痛苦致死的风险吗？

---

1 编按：罗马神话中，罗勒代表恨意；中世纪养蝎子的人会种罗勒，据说只要翻开土就会看到蝎子群聚。

如何训练你的雀鹰
约1393年

　　从雀鹰停留在你拳头上的那一刻，就要小心了，不要让自己或其他人惹恼了它。亲爱的，你要了解，任何突如其来的或狂乱的意外发生，无论是人、动物、岩石、凳子、棍子或其他任何东西，都会打扰到它，并使它激动万分……每当它攀附或紧握你的手不放的时候，千万不要自乱阵脚或引起它的不安。反之，要轻轻地脱离它，自己不要慌，也不要让它激动，不管再怎么痛苦都要忍住，因为一旦你惹怒了它，它就再也不会爱你了……这一刻是训练雀鹰的关键点，千万要用拳头支撑它，带它去宫廷四处与人交际，带它上教堂和其他聚会所在地，带它上街，让它日日夜夜、不间断地攀附在你的拳头上，时间越久越好。

《持家指南》(*Le Ménagier de Paris*)

驯鹰是个有益的爱好！
只是要确保你永远不会让鹰离手或是轻举妄动，
就算在教堂做礼拜时，鹰爪撕裂你的肉也要忍着，
否则它可是会恨你一辈子的。

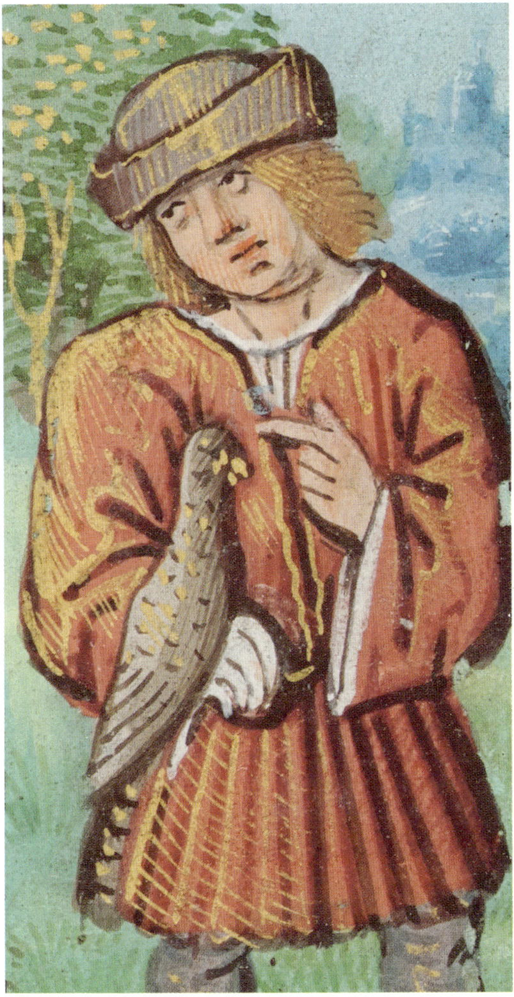

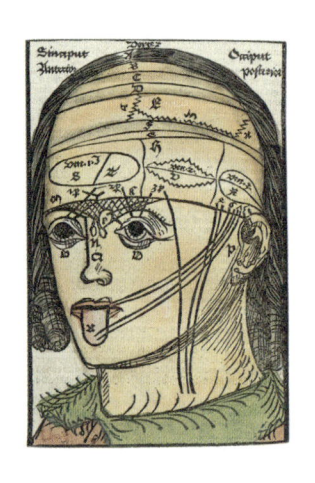

如何使头脑清楚
1623年

要预防头脑阻塞不清醒,必须靠嘴巴吐痰和念咒,靠鼻子用力呼气,有时还通过打喷嚏,尤其是在早晨的时候;还有咳出胸腔内的痰,这些都是多余的分泌物。

托巴雅斯·维纳(Tobias Venner)
《健康长寿秘方》(*Via recta ad vitam longam*)

早晨总是匆匆忙忙的,
但别忘了加一点咳嗽和吐痰在日常例行公事中。
你可不想满脑子大便地来开启你一天的生活吧!

如何增进欲望
11世纪

还有一些我们提过的食物——辣椒、章鱼、松子、无花果、新鲜的肉或脑、鸡蛋蛋黄。同样适合服用的还有石龙子，以及"狼睾丸"，即狗舌草，因为它像石龙子一样能唤起情欲……治阳痿气虚的药丸，取等量的白洋葱籽、狗舌草、麻雀的脑、雄棕榈的花、白香，用温水调和，然后捏成如鹰嘴豆大小一般的药丸。早上服用七粒，配酒——不能服用过多，因为如果服用过量，女人会晕倒在他身下。

康士坦丁纳·亚非康纳斯（Constantinus Africanus）
《健康性爱宝典》（*Constantini Liber de coitu*）

忘记伟哥吧。如果你真想打动你的伴侣，向你的健康咨询专家要一些石龙子的处方吧。

参见：如何安排求爱行程，1707年，第203页。

如何自制唇膏

1579年

若有人用耳朵后方的汗水来按摩龟裂粗糙的嘴唇，将会使嘴唇变得细腻、光滑，充满色泽。此事已经过证明。

托马斯·勒普顿（Thomas Lupton）
《一千件值得注意之事》（*A Thousand Notable Things*）

没想到吧，最好用的唇膏就在你的耳朵后方！
可是，千万别在公众面前使用啊。

如何避开认识的人

1881年

如果想要避免与经人介绍认识的点头之交鞠躬致意的话，或许可以假装看旁边，或是在那个人走近时垂下目光。两人一旦目光交会，那就别无选择，必须行礼致意了。

约翰·H. 杨（John H. Young）
《论各式社会礼仪规范》（*Our Deportment*）

聚会上碰见，却想不起这人是谁？
教你一个稳妥、历史悠久的避免尴尬手段：低头盯着你的鞋吧。

如何访问海外人士
1789年

写下想要获得解答的问题,旅行者就不用担心会忘记……

- ▼ 军舰要靠岸是否容易?在沙岸或岩岸着陆时,是否会有危险?
- ▼ 贵国的绵羊最喜爱的草本植物是哪些?
- ▼ 贵国的客商免受巴巴里海盗侵袭的安全范围,最远到哪里?
- ▼ 不同体型的鲸鱼,一般说来价值是多少?
- ▼ 目前还有哪些名媛淑女,她们有什么值得注意、使人惊奇的才能呢?

利奥波德·巴赫托德(Leopold Berchtold)
《旅行者之咨询文集》
(*An Essay to Direct and Extend the Inquiries of Patriotic Travellers*)

旅行者,人在异乡要小心你的提问啊。
当地人会以为你在密谋袭击沿海地区,
骗取他们的羊,贩售他们各种大小的鲸鱼,
同时觊觎他们的名媛淑女!

A TOUR TO FOREIGN PARTS.

如何刺青

1563年

想要在身体或脸上刻下永远抹不掉的字，你必须进入烘房，或温度非常高的房间，在你全身流汗之际，用喜欢的墨水在身体上写下想刻的字，用锋利的剃刀在皮肤上刻画，在切口部位填入泥土，颜色随你选择，然后维持此状态。由于高温的关系，皮肤切口将会自然闭合，你所刻画的字体或图案将会永远保存下来。

阿列修·皮蒙特西（Alessio Piemontese）
《皮蒙特·亚历克斯大师的秘方——第二部》
(*The Second Part of the Secretes of Maister Alexis of Piemont*)

人体艺术DIY的秘密武器：一间桑拿房和一把泥土。

如何制造鸟飞弹
13世纪

用另一种火焚烧敌人,无论他们身在何处。取石油、深色石油、液态沥青和硫黄油,将其混合置入陶罐,埋在马粪堆中十五天。取出之后,将其涂抹在乌鸦身上,让乌鸦在敌人帐篷上盘旋飞行。日出时,在它融化之前,混合物将会燃烧起来。但是我们建议,此方法应在日出之前或日落之后使用。

马库斯·葛莱克斯(Marcus Graecus)
《以火制敌秘方》(*Liber ignium ad comburendos hostes*)

☞

秘密揭晓:愤怒鸟的起源和行动策略。
文中没有解释如何让乌鸦飞到敌人的帐篷,
但我的猜测是,将它们放在"小鸟弹弓"上,用手指发射出去。

如何生出漂亮的小孩
1697年

说到相似性一事,没有什么比母亲的想象力更强大。如果她的目光盯上某种物体,同时在她脑海里留下印象的话,我们往往会发现,小孩的身体在某种程度上会跟该物体产生相似性……许多妇女怀孕时,看见一只野兔穿过眼前,通过丰富的想象力,就会生出一个嘴唇多毛的小孩。有些小孩天生鼻子塌塌、嘴巴歪歪、嘴唇巨大肥厚,或是身体变形,绝大部分归因于母亲的想象力,她的目光和心灵蒙上一些变形、扭曲的生物形象。因此,如果可能的话,所有孕妇理应避免这些景象,或者至少不要凝视它们。

《亚里士多德名著全集》

(*Aristotle's Master-piece Compleated*)

对不起,准妈妈们,禁酒、禁食寿司、禁食软乳酪。现在,你可以从怀孕期间可容许的活动列表当中,再删掉逛动物园、水族馆和马戏团了。

参见:如何生孩子,约1450年,第33页。

如何治牙痛
1779年

牙痛通常是由不纯净的血清所引起的，它会侵蚀黏膜和神经；往往都是感冒、风湿病所带来的，尤其是发生于天气突然变化时……最好的根治方法就是，如果方便施行的话，把牙齿拔掉。如果受影响的部位不是臼齿的话，可以找健康的人刚拔下来的牙齿取代之，通常一样有用，也和原本的牙齿一样持久。

《伦敦医术实习》
(*The London Practice of Physic*)

嫉妒你朋友有一口完美的牙齿吗？你也可以拥有哦！
哦，是说真的：只要把它们拔出来，放到你嘴里就行了。

如何为女士调酒
1892 年

如何调制最受女性青睐的酒？一个大杯子、一注气泡苏打水、一勺细砂糖，往酒杯里倒入一半雪利酒和一半红葡萄酒，加入少许白兰地，混合调匀。加入刨好的冰块，用柳橙和菠萝点缀，最上面再放一层冰激凌，以汤匙享用。

威廉·史密德（William Schmidt）
《调酒的艺术》（*The Flowing Bowl*）

☞

啊，少女喜爱喝的酒。
但不是很清楚调制的时机与方式。
也许用来装饰的圣诞冰激凌，
其实是用来掩饰她们喝光了满满一杯酒。

如何测量脉搏
12 世纪

要注意病人此刻不是侧躺着，五指也不是张开的，亦非紧握拳头。你应用自己的左手举起他的手臂，然后测量脉搏，至少要数到跳动一百下为止，那么你就可以看出不同的律动节奏，而在病人身旁站着等候许久的朋友，也会更注意聆听你的意见。

《萨勒诺医学论文》(*Salernitan medical treatise*)

成功诊断的前两个步骤：
量病人的脉搏，以及令病人的朋友印象深刻。

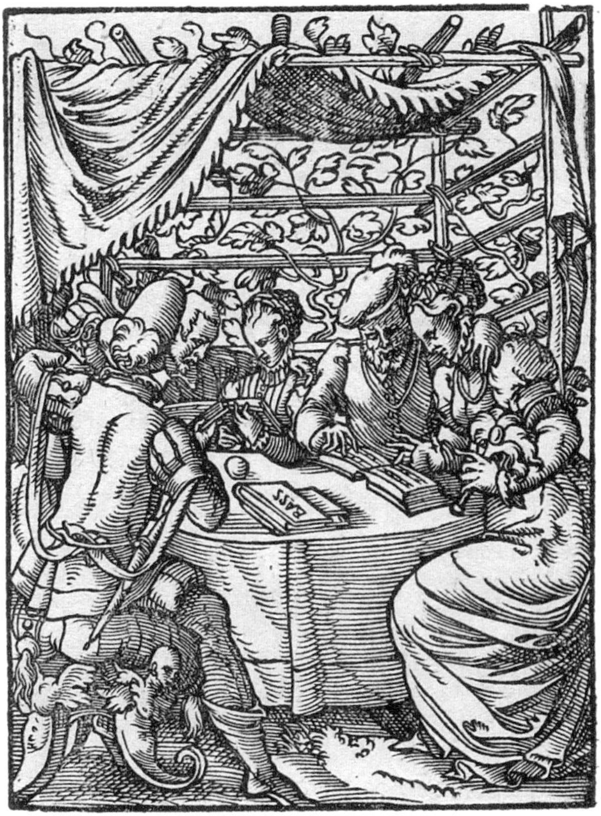
BASS

如何唱歌
1650 年

歌唱者不应通过鼻子来唱歌，也绝不能讲话结巴，否则别人会听不懂。他也绝不能伸舌头或是说话口齿不清，不然他所说的话别人可是半点也听不懂。他不应该将牙齿完全闭合，或是过度张开嘴巴，也不能伸出舌头舔嘴唇，或是嘴唇噘高，或是歪嘴巴，或是鼓起腮帮子，扭鼻子扮鬼脸，像只马来猴似的。也不能皱眉头，前额不能起皱纹，不能摇头晃脑，或眼珠子转啊转的，或是眨眼示意，也不能颤抖嘴唇等。

克里斯多夫·伯恩哈德（Christoph Bernhard）
《论歌唱的风格艺术》（*Von der Singe-Kunst oder Manier*）

👉

别让你的歌唱生涯毁在表情惹人厌这种老问题上。

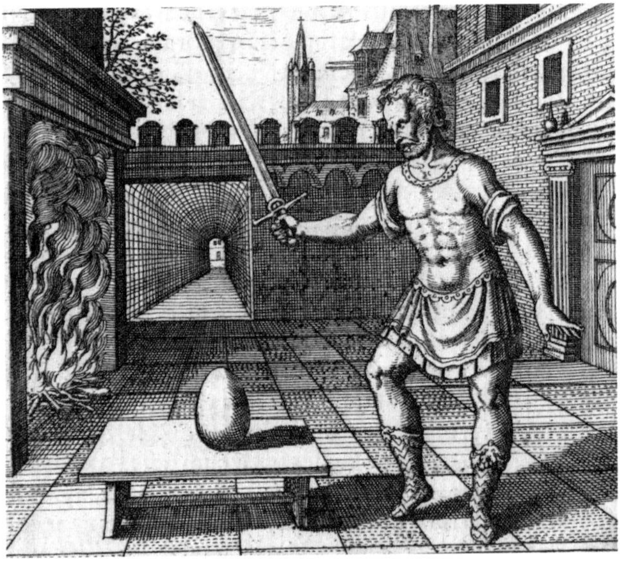

如何制作巨蛋
1660年

取二十颗鸡蛋，将蛋白和蛋黄分开，分别过滤；然后取两个可充气的囊袋，用其中一个囊袋煮蛋黄，牢牢地绑成一颗圆球，煮熟之后将蛋黄取出，放进另一个囊袋，让蛋白环绕在蛋黄外层，同样把囊袋绑成一颗圆球，煮沸之后就会是一颗完美的蛋。这适合大分量的沙拉。或者，你可以在这些蛋黄中添加麝香、龙涎香、蜜糖开心果、磨碎的饼干或面包、糖，而在蛋白部分加入杏仁膏、麝香、橙汁、压扁的生姜，搭配奶油、杏仁牛奶、白糖和橙汁一起食用。

罗伯特·梅（Robert May）
《奥妙的烹饪艺术》（*The Accomplisht Cook*）

因此，你的选择如下：
制作一个巨型鸡蛋，搭配巨型沙拉食用，
或是搜刮你橱柜里所有的食材，
制作一个有麝香气味、蜜糖开心果和橙汁的巨型鸡蛋，
再搭配上反胃的悔恨。
请慢慢享用！

如何解手

约1200年

如果迫不得已要在树林里或原野之中解手的话，此人必须站在迎风之处，同时蹲在阴暗角落解决。解手之后，应该用左手擦屁股。当你的敌人正在清空肠子时，不宜在此时向他寻求报复，伤害一个正在蹲着解手的人，是很可恶的事……不要让你的屁股放出无声屁；让别人闻到自己的臭屁味，是很不光彩的事。如果你的肠子正在翻搅的话，找一个适合解手的地方。

贝克尔斯的丹尼尔（Daniel of Beccles）
《文明人之书》（*Urbanus magnus*）

噢，注意：从中世纪的阴暗角落找到的一小堆完美的智慧。

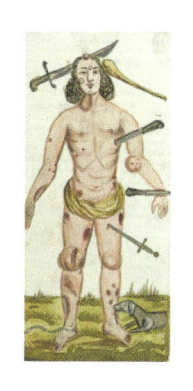

如何治愈各种伤口
1686年

医治一切创伤的饮品……取变豆菜、西洋蓍草和匍匐筋骨草,均等的分量放在研钵中捣碎,并用酒与之调和,然后拿给受伤的病人饮用,一天两次至三次,直到痊愈为止。匍匐筋骨草使伤口打开,西洋蓍草洁净伤口,变豆菜使伤口愈合;但是变豆菜不适合给头部或头盖骨受伤的人服用,恐怕会有危险。这是一帖很好的,经试验过的药。

汉娜·伍利(Hannah Woolley)
《仕女美容、烹饪与园艺之美》
(*The Accomplish'd Ladies Delight*)

变豆菜、西洋蓍草和匍匐筋骨草,
这些名称听起来像个律师事务所,其实不是!
它们是极受人敬重的医疗团队精灵,专攻创伤护理。

如何整理草坪

约 1260 年

没有什么比得上整齐的短草坪，更能让人一看便精神为之一振。必须清除花园内所有的杂草，但这事儿几乎很难办到，除非将杂草连根拔除，表面尽可能平整，然后将滚烫的开水倒在地面上，将残留的根和种子破坏殆尽，从此再也不能发芽……接着必须在地面铺上一层从精良的牧草地上裁剪下来的草皮，用木槌捶打，再用脚均匀地踩平，直到几乎看不到它们为止。然后，慢慢地，这些草会像健康的头发般向上生长，同时像一块精美的布覆盖地面表层。

艾伯特·麦格努斯（Albertus Magnus）
《论植物》（*De vegetabilibus libri* VII）

光是煮沸开水和捶打草坪，就会耗掉你整个周末了。
但想想你的邻居会多么羡慕和忌妒你家那块整齐的草坪啊！

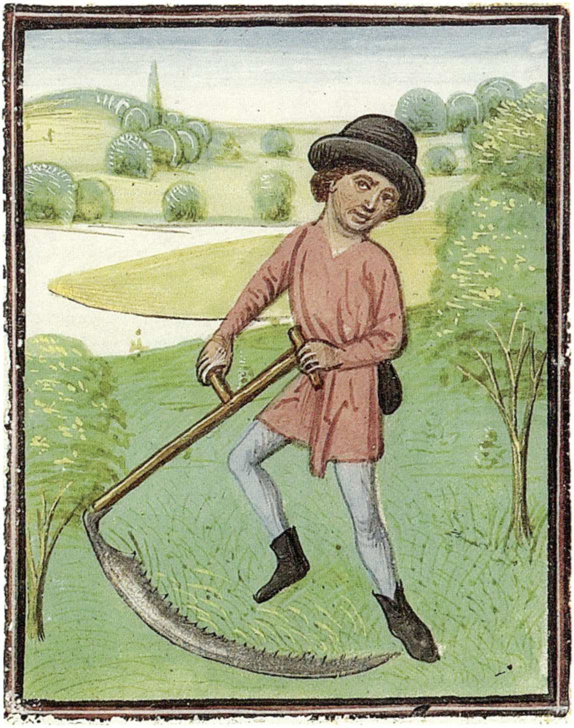

如何选择游泳时的装束

1881年

法兰绒布为泳衣的最佳材料,而灰色被公认为最适合的颜色,或许还应该加上鲜艳的绒线镶边。最好的形式是宽松的外衣,长度到膝盖和脚踝之间,再配上束腰;一顶防水布泳帽保护头发,一双美丽诺羊毛袜搭配泳装,整个泳装造型完成。

约翰·H. 杨(John H. Young)
《论各式社会礼仪规范》(*Our Deportment*)

19世纪80年代流行的海滩风格!
穿戴着灰色法兰绒布、防水布泳帽、美丽诺羊毛袜,
保证不会让你晒伤。唯一的缺点是,
其他泳客可能会误以为你是海象。

如何在水中弹跳
1595年

双腿同时在水面上弹跳。首先,背部挺直仰躺下来,双手手掌用力往下压,让身体保持在水面上,双腿同时从水中往外踢,往上弹跳,就像跳舞时上下舞动一样,以此方式即可。

埃弗拉·迪格比(Everard Digby)
《游泳训练入门》
(*A Short Introduction for to Learne to Swimme*)

当你在游泳池想让其他泳客感到惊艳时,有时光靠仰泳是不够的。
以双腿壮观地蹦跳滑过泳道这种水上舞蹈,
必使旁观者为之着迷。

如何保健牙齿
13世纪

以下教你如何保健牙齿：收集韭菜的颗粒，以莨菪[1]燃烧之，用漏斗将烟引至你的牙齿，好像抽着烟斗似的。

《健康养生准则》（*Regimen sanitatis Salernitanum*）

不能刷牙时，就用烟熏吧！九成的中世纪牙医都推荐此法。

---

1 编按：茄科植物，又称"天仙子"。

如何善用橙子
1722年

　　橙子是一种大大圆圆的水果，一开始是绿色，然后变成红黄色，外面有一层粗粗的果皮，中间的果肉是由许多小囊泡组成的，充满了大量的汁液……橙汁常被用作调料来增进食欲，十分甘甜又清凉，具有止渴功效，也可用来帮助退烧；对坏血病有极大的用处。

　　　　约瑟夫·米勒（Joseph Miller）
　　　　《植物草药简述》（*Botanicum Officinale*）

　　还有什么比橙子更甘甜的呢？
　　但愿我们能用言语形容它迷人的红黄色……

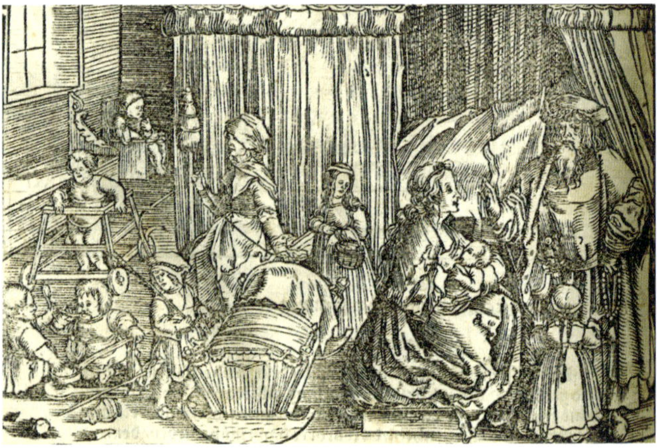

如何换尿布

1612年

如何让小孩保持干净？保姆或其他人必须坐在火炉附近，双腿伸长，在腿上放一个软枕，门窗紧闭，身上要有一些东西能够替小孩挡风……如果小孩弄脏了自己，或许可以用少许温水和温酒，以海绵或麻布清洗。为小孩调整姿势的时间通常是在早晨七点钟，中午再进行一次，然后是晚上七点钟。大约午夜时分再为他换一次尿布（此举并不常见），如此便不会出差错了。但是，在他睡了好一会儿之后，切记每隔一段时间为他翻身，否则他可能会大便或是尿湿自己。

雅克·基尔摩（Jacques Guillemeau）
《快乐分娩》（*Child-birth or, the Happy Deliuerie of Women*）

嗯，火炉边的瑜伽姿势和换尿布的防风披肩增加了一点难度。但从好处上来看，你只需要一天做三次，而且还有葡萄酒可喝。

（酒侍？这是给"金粉黛"[1]的工作？）

参见：如何保护婴儿，1697年，第170页。

---

1 编按：金粉黛（Zinfandel），美国知名红葡萄品种，有"葡萄中的贵妇"之美誉。

如何杀死蛇
1688年

一、如何将蛇赶到同一个地方：取一把洋葱、十只河蟹，将之一起捣碎，然后放置在蛇出没的地方，如此它们便会群聚在一起。

二、杀蛇：取一根大萝卜，用之敲打蛇，一击必能使之毙命。

R. W.

《家庭必备之书》（*A Necessary Family Book*）

一种简单又精确的技术：

用一个大的螃蟹蛋糕引诱蛇，然后用萝卜棒打它们。

如何有礼貌地打嗝

1640年

（你因为吃得太饱，或是胃寒，突然很想打嗝排气）此时你要是不小心打嗝，发出太大的声响，结果让大家都注意到了，这是一个坏习惯。这事儿应该私下进行，以免被他人发现。有些人非常文明，当他们打哈欠或打嗝时，会很自然地将手放在脸上，仿佛在抚弄胡须似的，同时遮嘴掩饰，好让你完全没有察觉到。

卢卡斯·葛拉西安·丹提斯科（Lucas Gracián Dantisco）
《西班牙豪侠》（*Galateo espagnol, or, the Spanish Gallant*）

☞

你好像还需要一个留性感胡子的理由：
　　它提供了极好的打嗝掩护法。

M.D. XX III

RITRATTO DE MONSIG.RE GIO
DELLA CASA.

如何讲笑话
1558 年

当你所讲的笑话没有得到听众的笑声回应时，你应该停止并克制自己以后不要再讲笑话了。问题在于你，而不是在你的听众……笑话是心灵的活动，如果让人听来愉快又生动，就代表和证明了说话者头脑灵活、性格爽朗——这深受我们的喜爱。但是，如果笑话没有风度、又不吸引人的话，会造成反效果，让人觉得是个傻瓜在开玩笑，或是一个穿着紧身背心、屁股大大的胖子在扭腰摆臀地跳舞。

乔瓦尼·德拉·卡萨（Giovanni della Casa）
《礼仪》（*Il Galateo overo de' costume*）

乔瓦尼·德拉·卡萨：有经验的外交家、敏锐的社会评论者，也是文艺复兴时期喜剧俱乐部中令人生畏的批评者。

如何让人笑到死
13世纪

腋下有某些静脉被称为"笑穴",如果被切断了,会造成一个人笑到死。

理查德斯·萨勒尼塔诺斯(Richardus Salernitanus)
《解剖学》(*Anatomia*)

☞

厌倦了别人对你的笑话毫无反应吗?只要戳他们的腋下就成了。

如何在十四天内瘦身成功
1579年

使肥胖的人变苗条,有一个经证明有效的绝佳妙方。每天早上和傍晚,让他们吃三到四瓣大蒜,并尽量多吃面包和奶油,彻底执行;早上进食之后,三至四个小时不吃也不喝,如此至少持续十四天;同时每天喝三大口茴香煎药,也就是:浸泡茴香的水,过滤干净,至少十四天,在早晨、中午和晚上服用。我认识一个人,胖得不得了,超过四分之一英里便走不动了,其间不得不停下来休息十几次,服用此药之后,不再肥胖了,从此可以很好地徒步行走。

托马斯·勒普顿(Thomas Lupton)
《一千件值得注意之事》(*A Thousand Notable Things*)

大蒜面包净化:利用这种食疗法,十四天之后,你就可以摆脱恼人的肥胖,可以去沙滩玩了。徒步去啊。

参见:如何减重,12世纪,第41页。

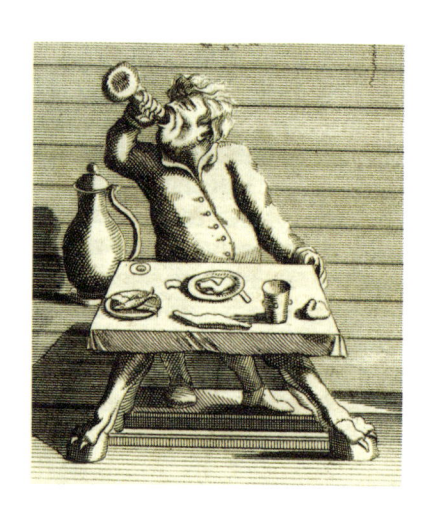

如何制作法式吐司

1660年

法式长条面包切厚片，放在干净的烤架上烘烤，再将它们浸泡在红葡萄酒、萨克葡萄酒或任何酒当中，搭配上糖和橙汁食用。

罗伯特·梅（Robert May）
《绝妙的烹饪艺术》（*The Accomplisht Cook*）

你知道吗？
"法式"在烹饪美食界的简称是"在所有早餐中佐以葡萄酒"。
有此锦囊妙计，你将很快掌握法式烹饪的诀窍。

如何清除污渍
1562年

如何将丝绸上各式各样的污渍清除干净？从气味强烈、又大又圆的蘑菇中取出汁液，在污渍处沾上蘑菇汁，静待两个小时之后，再用清水冲洗，等它们风干。

阿列修·皮蒙特西（Alessio Piemontese）
《皮蒙特·亚历克斯大师的秘方——第三部》
（*The Thyrde and Laste Parte of
the Secretes of the Reverende Maister Alexis of Piemont*）

何必再用去污棒呢？
只要在上衣涂抹一个大蘑菇就成了。

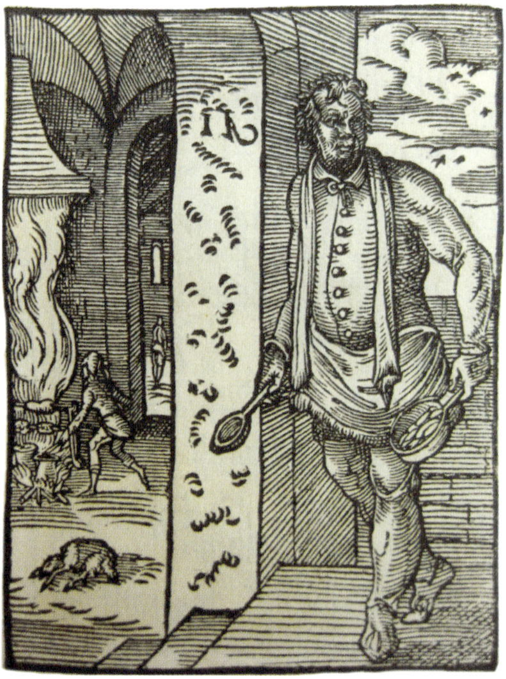

如何成为主厨
1473年

主厨在他的厨房负责下命令、制定规范，并得到大家的服从。餐台和壁炉之间应该要有张椅子，必要时可供他坐着休息；椅子摆放的位置，要让他能够观察厨房内的一举一动；他手中应该要有一只大木勺，此木勺具有双重功效：一是用来试喝浓汤和炖品，其次用来驱赶小孩子离开厨房，或是勒令他们工作，必要时用来教训他们。

奥利维尔·德拉·马希（Olivier de la Marche）
《回忆录》（*Mémoires*）

任何一位新手戈登·拉姆齐都很了解：
如果你想成为顶级厨师，你必须以铁腕和木勺掌管你的厨房。

如何准备沐浴
约1450年

如果你的主人想要沐浴净身，应当用充满花朵和美丽的绿色草本植物的大块布幔环挂天花板四周，还要准备五六个海绵供他就坐或倚靠，注意要留一大块可坐的海绵，覆盖一层被单，好让主人可在该处沐浴消磨一段时间。如果有多余的海绵，也要留一块在他脚下。永远要特别留意门是否已经关上了。备妥满盆热腾腾的新鲜药草，并用柔软的海绵洁净他的身体，用芳香温热的玫瑰水为他冲洗，随之灌注在他身上，然后服侍他上床睡觉；但是要注意床铺应是香甜美好的，先替他穿上袜子和拖鞋，好让他能够走近、站立在火炉边，再用干净的布将他的脚擦干，带他上床，让他的烦恼一扫而空。

约翰·罗素（John Russell）
《贵族管家训练指南》（*Book of Nurture*）

请问你平时洗澡有用到大量的新鲜草木和半打海绵吗？

嗯，看来中世纪让你学会如何沐浴净身。

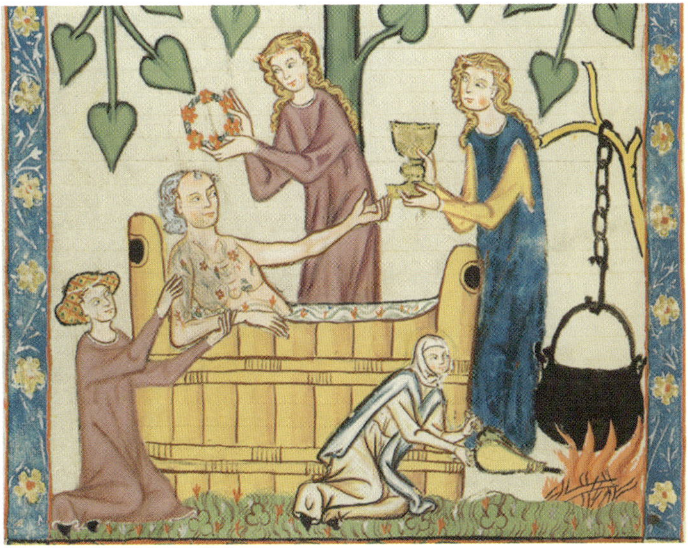

120

如何制作芝士欧姆蛋卷
约 1393 年

首先，用油、奶油或任何你喜欢的油脂来热锅，一旦整个锅底，尤其是接近把手的部分都均匀受热之后，再将打好的鸡蛋倒入锅内，用锅铲不时翻面，然后撒上一些磨碎的芝士。要知道，芝士必须铺撒在上层，因为如果你将磨好的芝士与香料和鸡蛋混合在一起，当你煎蛋时，芝士会粘在锅底。把鸡蛋与芝士混在一起煎，就会发生这种事。因此，要先将鸡蛋放入锅里，再铺上一层芝士，边缘用蛋包裹，否则会粘锅。

《持家指南》（*Le Ménagier de Paris*）

如果不听古人明训，我们注定会重蹈覆辙。
因此，让我们打破这个循环，先将鸡蛋放在锅里，再放芝士。

如何治疗青春痘
1665年

想要治愈脸上的红肿和青春痘……或许可以在脸上涂抹鸽子、小母鸡或是阉鸡的翅膀下刚取出的温热鲜血,把血整晚敷在脸上,早上再用温水,或是肥皂和燕麦片等煎煮的水,将之清洗干净。除此之外,还有其他补救措施:取牛肉、小牛肉或羊肉颈部的鲜肉,切成两三个薄片,敷在脸上红肿的地方,并经常更换,否则会发臭;万一你没有新鲜的肉,你也可以取旧的肉片,把它们放在木炭上,再将温热的肉片敷在红肿之处。

托马斯·杰姆森(Thomas Jeamson)
《保持美丽的秘方》(*Artificiall Embellishments*)

舍弃药房吧!直接去找肉店老板,寻求万无一失的青春痘疗法。

如何从舞会灾难中平复心情
1538年

跌倒之后，立刻站起身来，继续振作精神完成先前的舞步，不要抱怨：尽情手舞足蹈吧！如果你不爬起来，就无法再次跌倒了。没人会爱上一个趴在地上的人。

安东尼奥·艾瑞纳（Antonius Arena）
《跳舞准则》（*Leges dansandi*）

一直跳舞，迟早有一天会摔倒。
你有两个选择：思考你的存在性，或假装什么事都没发生。
尽情手舞足蹈吧！

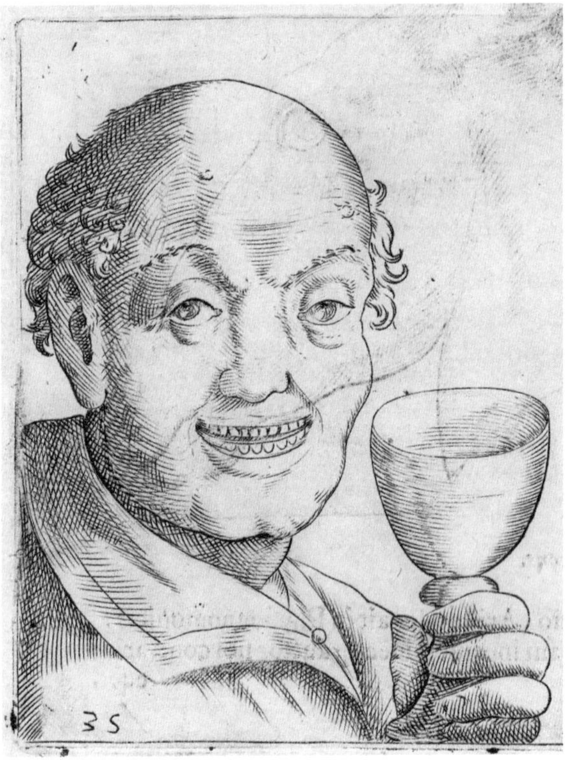

如何喝啤酒
1623年

啤酒因蛇麻子[1]而过于苦涩……伤精神、有损视力,并引起头痛,让脑子里充斥着恼人的蒸汽……在此,有些人可能会问,啤酒究竟是该冰冷时喝,还是微温时喝比较好,尤其是在冬季时?针对这一点我的回答是,我知道有些人这么做,但无论是在冬天还是在其他季节,我都想不出充分的理由认同喝温啤酒,因为这令人恶心、伤脾胃……此外,啤酒也无法真正解渴,缓和体内之热气,使身体内部冷却,就算是喝冰啤酒亦然。

托巴雅斯·维纳(Tobias Venner)
《健康长寿秘方》(*Via recta ad vitam longam*)

这是刚从饮酒知识档案库中发现的:
选择不当的啤酒会让你头痛,而温啤酒令人恶心。
参见:如何选择啤酒,1256年,第4页。

---

[1] 编按:蛇麻子,又称"啤酒花",生产啤酒的主要原料,赋予其特有的苦味与清香。

如何与人交谈
1646年

不要抖动你的头、脚或腿部;不要转动你的眼珠。不要挑起眉毛,使一边高于另一边。不要嘴巴歪斜。千万要留意你的唾沫,别让它喷到交谈对象的脸上,为避免此事发生,切莫与对方太靠近。

弗朗西斯·霍金斯(Francis Hawkins)
《青少年行为》(*Youths Behaviour*)

近身对话者:自17世纪以来恐怖的交谈对象。

如何有礼貌地进食
1646年

如果你用面包或肉去蘸酱汁，在你咬过之后，不可再重复去蘸。每一次蘸酱时，只蘸一次可以吃掉的分量。

> 弗朗西斯·霍金斯（Francis Hawkins）
> 《青少年行为》（*Youths Behaviour*）

教导你切莫成为"近身对话者"的同一位权威人士，给你更多经典的忠告：不要成为重复蘸酱者。

如何跳舞
约1455年

跳舞务必维持优美的灵活度和肢体的风格。注意，这种灵活度和风格无论在何种情况下，都不该走极端，而是应该保持你肢体动作的中庸之道，亦即，切勿过犹不及。看起来要很流畅，就像一艘平底小船，在海水一如往常风平浪静之际，通过两桨在水波中划行前进，而这些水波缓慢上升，又快速地下降……避免走向乡巴佬或是街头卖艺者的极端。

多梅尼科·达皮尔琴察（Domenico da Piacenza）

《舞蹈艺术》（*De arte saltandi*）

跳舞要像没人在看你似的……而你是一艘平底小船。

参见：如何打理跳舞时的装束，1538年，第39页。

如何驱除蚊子

约1260年

如果一栋房子或其他地方有蚊子聚集,用大象的粪便烟熏之后,它们会立刻飞走并死亡。

艾伯特·麦格努斯(Albertus Magnus)
《论动物》(*De animalibus*)

这是一个绝妙的技巧,
适用于和大象一起野营的场合。

参见:如何捉苍蝇,约1393年,第18页。

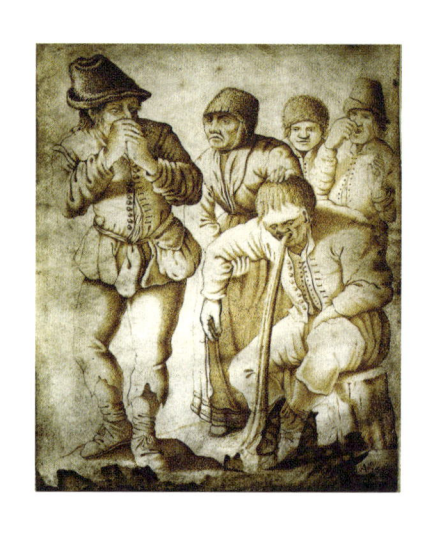

如何治恶心
1693年

快速治疗呕吐的方式：取一大颗肉豆蔻，研磨掉一半，烘烤平面那一侧，直到油性部位开始分泌出油，随即将其拍在病人的腹部凹处，以他所能承受的热度，在温热期间持续放在该处，必要时再放另一个。

罗伯特·博伊尔（Robert Boyle）
《药物实验》（*Medicinal Experiments*）

如果你幸运的话，病人看到热腾腾的肉豆蔻拍在他的腹部，会因为过于惊讶而完全忘了恶心的问题。

如何打扮男士

1632年

一个男人想要衣着恰当,并不代表一定要穿得华丽,只要他穿着洁白的衣服、合宜的鞋子,就足够了。至于他的服装,就算不华丽,但至少不能是破旧、肮脏的。让他戴时下最流行的帽子。让他总是吹干头发,并且梳理整齐。让他细心保持胡子的整齐,否则可能会造成他言谈或进食之间的不便。尤其要一直保持牙齿和口腔的干净卫生,那么受他招待的对象就绝不会受他的口臭所困扰。

尼古拉斯·法瑞特(Nicolas Faret)
《正直的人》(*The Honest Man*)

好消息,各位绅士!
你不必衣着华丽,只要记得检查你的服装是否肮脏。
还有,我知道这样要求过多,但尽量记得擦干你的头发。

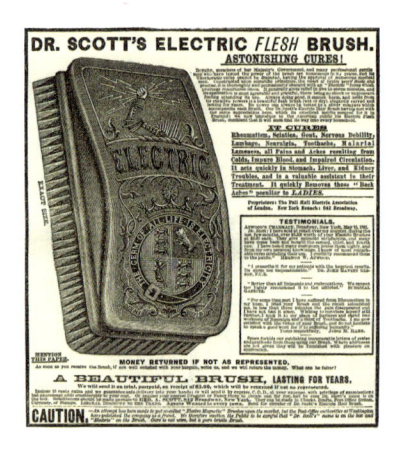

如何用摩擦健身
1827年

摩擦是一种极具价值的运动方式……在增强消化系统功能、促进排汗、清除阻塞物、放松痉挛收缩、让身体自然发热、增加全身能量上，它都具有强大的功效……摩擦力可通过手，或利用法兰绒、粗羊毛手套，或利用去角质刷而在身体上起作用。后者是到目前为止最佳的方法。

托马斯·约翰·格雷厄姆（Thomas John Graham）
《现代家庭医学》（*Modern Domestic Medicine*）

试图维持一个健身计划，却缺乏动力吗？
不妨考虑用去角质刷进行精力充沛的摩擦运动！

如何让自己隐身
1560年

如果你想让自己隐身,找一块"眼睛之石",并用月桂树的叶子包裹起来。人们称之为"欧珀宝石",其多彩缤纷,故无法命名其颜色。由于这种特性,任何旁观者看了之后,都会不由得眼眩目盲。

《艾伯特·麦格努斯的秘密之书》
(*The Boke of Secretes of Albertus Magnus*)

原来,隐身的秘密是:只要用叶子和发光的蛋白石打扮自己,
旁观者就会被你的金光闪闪弄得眼花目眩而看不见你,
也看不见任何东西了。

如何灭火
12 世纪

如果发生火灾了,应该用沙子和麦麸灭火。如果火势变得更猛烈,用尿液浸泡的沙子。

《一窥中世纪工艺技术》(*Mappae clavicula*)

下次生营火时,记得确保手边有足够的沙子和麦麸。

(事情真的很严重时再用尿液浸泡这招。)

如何美白牙齿

1686年

制作一种美白牙齿的牙膏：取雄鹿角和马的牙齿各二盎司，海贝壳、食盐、柏树坚果，各一盎司；一起放在火炉中燃烧，并制成粉末，再用树胶黏液与之混合，以此涂抹在牙齿上。

汉娜·伍利（Hannah Woolley）
《仕女美容、烹饪与园艺之乐》
（*The Accomplish'd Ladies Delight*）

现在你知道美白牙膏是用什么做成的了。

如何魅惑男人
1896年

当你想要让任何一个你遇见的人"爱上"你,就算你并不认识他,你也可以很容易接近他,让他认识你……无论在何时或何地,当你们再次见面,一有机会就以认真、诚挚又深情的态度,紧握他的手,同时遵循下列重要的方针,即:当你握住他的手时,轻柔却又坚定地以拇指按压他拇指和食指之间的骨头,在你按着该处血管(确定脉搏跳动)的一瞬间,认真、热切地注视着他,并发送你整颗心、整个灵魂的力量到他身上,他将会成为你的朋友……

《仕女实用信息之书》
(*The Ladies' Book of Useful Information*)

> 这个方便的技术让你不仅可以蛊惑迷人的陌生人,还可以检查他的心跳是否停了。

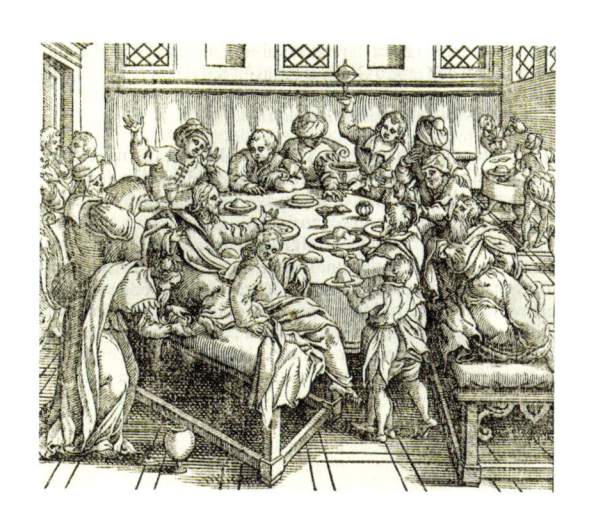

如何在餐桌上就座

1530年

请确保你的脚不会打扰到坐在身旁的人。在座位上动来动去,屁股一会儿歪这儿,一会儿歪那儿,会让人误以为你在放屁,或是想放屁。因此,你的身体应该保持直立、平衡才是。

德西德里乌斯·伊拉斯谟(Desiderius Erasmus)
《男孩的礼貌教育》(*De civilitate morum puerilium*)

人文主义的泰斗针对胀气进一步的教导:
被人误会自己在餐桌上放屁,简直比被人发现放屁还糟。

如何制作巧克力
1685 年

取七百颗可可坚果、一磅半白糖、二盎司肉桂、十四颗墨西哥胡椒（又称辣椒或甜椒）、半盎司丁香、三根小麦秆或坎佩切香草，若还不够的话，再加上相当于一先令重量的大茴香种子，或是如榛果大小的红木果少量，应该足以用来添加一点颜色；有些人还会再加一些杏仁、榛果和柑橘花汁液。

菲利普·西尔维斯特·迪佛（Philippe Sylvestre Dufour）
《咖啡、茶、巧克力之制作技巧》
(*The Manner of Making Coffee, Tea, and Chocolate*)

你还杵在那儿干什么呢？这七百颗可可坚果可是要人工计算的！

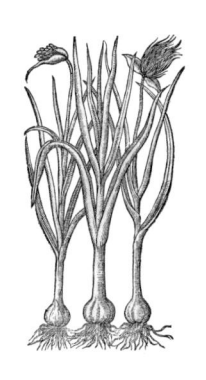

如何保持健康
1607年

在此的六样东西,须确保取得,它们具有某种百毒不侵的神奇力量:梨、大蒜、红根、坚果、油菜及芸香,当中又以大蒜为首。因举凡食用大蒜者,可饮酒,而无须担心酒是由何人所酿,可步行于时时刻刻受污染的空气中。食用大蒜之后,将具有免于死亡的力量,虽然会产生令人厌恶的口气,也要忍受。不要像有些人蔑视大蒜,认为大蒜只会使男人眨眼、饮酒、充满臭气。

约翰·哈林顿(John Harrington)
《英国人健康养生之道》(*The Englishmans Docter*)

固定食用大蒜会让你对中毒、瘟疫和死亡免疫。
事实上,它会让你百毒不侵,除了满口的臭大蒜味!

如何制作番茄酱
1774年

如何制作能够保存二十年的番茄酱？取一加仑陈年浓啤酒、一磅凤尾鱼，将腌渍的水洗净，一斤青葱去皮，两夸脱大蘑菇去梗，切成块状，再加入半盎司豆蔻香料，半盎司丁香，四分之一盎司辣椒，三到四大块生姜。将其紧紧密封，小火慢炖，直到一半蒸发为止，然后再用一个绒布袋过滤，放凉之后再装瓶。你可以带它到印度去。

汉娜·葛拉斯（Hannah Glasse）
《烹饪的艺术》（*The Art of Cookery*）

正在计划一趟二十年的海上航行到印度去，但不确定要带什么调味料吗？这种蘑菇番茄酱够你吃几十年，并抚慰你的心。

如何向男人施展魅力
约 1250 年

有时候,正如我所说的,如果恋爱没有成功,问题是出在女士身上。因为,她或许爱慕一位绅士,然而对方可能并不知情。果真如此的话,她必须遵照以下的方式,她必须以各种方法吸引对方注意到自己:对他说一些含糊的话,假装喜欢明显的玩笑,通过意味深长又多情的目光凝视,或通过令人愉快又有礼貌的交谈。总之,无论如何,切莫过于明目张胆地恳求。因为我从不认为女追男是合宜的行为。然而,她或许可以运用其他巧妙的伪装,来透露她的爱意。如果这个男人真是个呆头鹅,完全没有察觉的话,他也真的太差劲了。

理查德·德·弗尼沃(Richard de Fournival)
《爱恋的艺术》(*Consaus d'amours*)

小姐们,如果真想发挥热情,可以净说一些言不及义的话,或是热切凝视对方,但就是打死不承认你对他有意思。

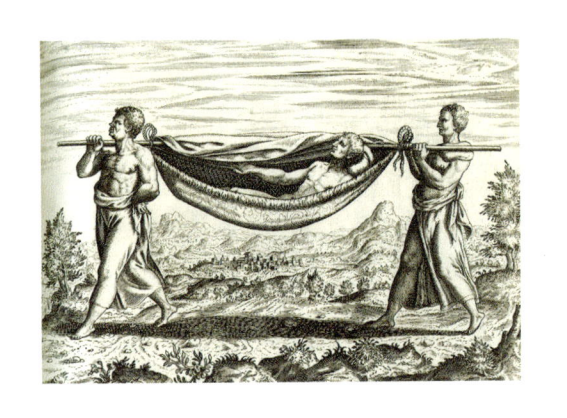

如何在旅行时也能安眠

1700年

我之前忘了告诉你,旅行者在途中总会遇到一些不便之处。关于寝具,床单是最令人难以忍受的,但有时候花点钱或是说些好话,就可以取得一些干净的床单。据我所知最好的补救方法就是,不要脱下衣服,将自己紧紧包覆在斗篷当中,尤其是头部,这样脸和手就不会接触到任何不干净的东西。总之,需要一点耐心,如此便能确保在许多城镇中住得比较舒适。

安德鲁·鲍尔弗(Andrew Balfour)
《信札》(*Letters*)

这种自我包覆的妙招,将使你免于接触世界各地肮脏的床单。祝你旅途愉快!

如何生火

1612 年

有一个简单的方法可迅速取火。取一个圆形玻璃杯，注满干净的水，使它背对太阳，并维持固定，再取一件极干燥之物，让它靠近玻璃杯（介于玻璃杯和太阳之间）。手中之物将会着火（非常奇妙的景象）。这可能是因为火这种又热又干燥的元素，是通过水这种又冷又湿的元素产生的。

《轻松小品集》（*The Booke of Pretty Conceits*）

若是你能找到正确角度的话，这是一个很妙的技巧。

如若不然，你最终还是会得到一杯温开水。

稳赢的！

参见：如何灭火，12世纪，第134页。

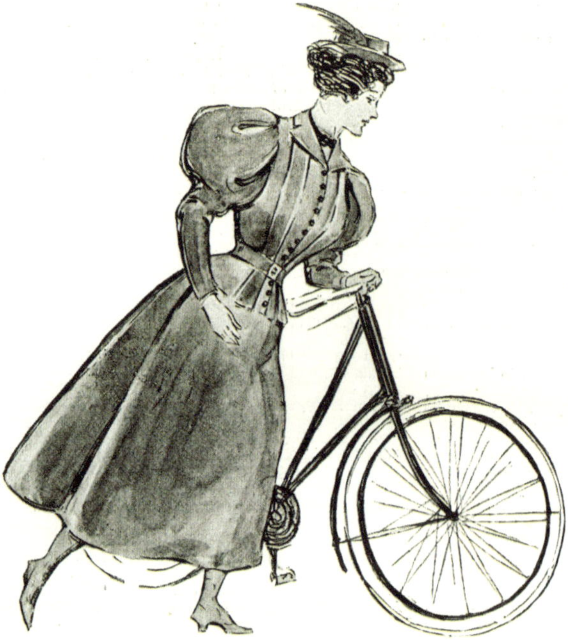

如何选择骑单车时的装束
1896年

在任何时候都要保持端庄，尤其是在骑单车的时候……一位著名的医师建议女士骑单车时要穿羊毛制的服装、平底鞋、绑腿，但不要穿束腰……头饰轻便，登山帽被视为是最适合女士的头饰。男士则应穿着一件宽松的便装短大衣，含羊毛布料的，配上灯笼裤、羊毛袜、帽子、平底鞋和居家衬衫，如若天冷，加一件毛衣。

约翰·卫斯理·汉森（John Wesley Hanson）
《1896年之单车礼仪》（*Etiquette and Bicycling for 1896*）

骑单车的装束很简单。

紧身胸衣，禁穿；登山帽，必备。

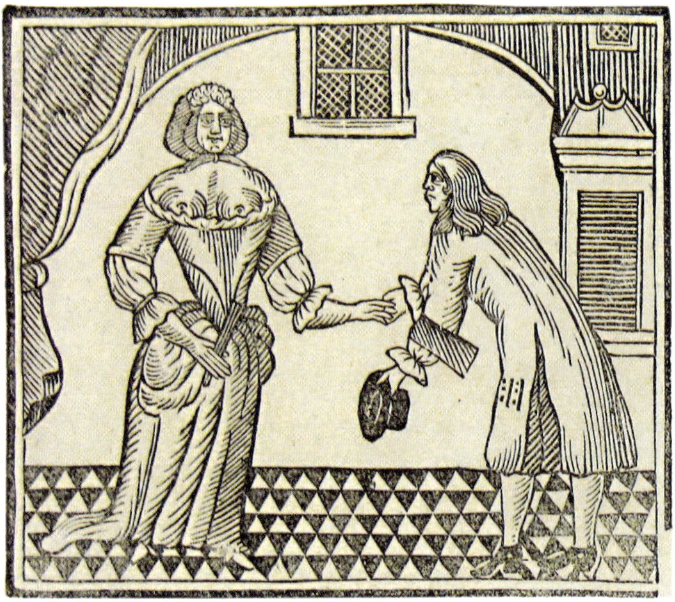

如何赞美女士
1663年

约翰·高夫（John Cough）所认可的多情赞美之语，《赞美学院》（*The Academy of Complements*）：

"她如鸽般的眼睛。"
"令人迷醉、溜溜转的眼珠。"
"她的双颊有如闪闪发光的宝石。"
"她的双颊好似红苹果。"
"她的双颊抹上了香料和鲜花。"
"她的乳房有如爱的柔枕。"
"她的乳房有如鹈鹕般柔软。"
"她的双腿是年轻诗人向世界倾诉的动人情歌最恰当的主题。"
"她的双腿有如大理石柱般高贵又坚定。"

想要在社交网站"Tinder"[1]上脱颖而出吗？
不妨试试"鹈鹕短信"——它真的会给你带来惊喜哦。

1　编按：美国当今最受欢迎的社交App之一。

如何预知死亡是否即将来临
5世纪

如果鼻子感到疼痛,如果左侧有红色斑点却不觉得疼痛,如果(患者)一直渴望蔬菜,他将于第二十五日死亡。

伪希波克拉底(Pseudo-Hippocrates)

《希波克拉底陵墓书简》(*Capsula eburnea*)

☞

我不忍心告诉你。偶尔吃番茄,或是吃汉堡配沙拉?无妨。但一直想吃蔬菜?这是不正常的。

参见:如何判定一个人是生是死,约1380年,第10页。

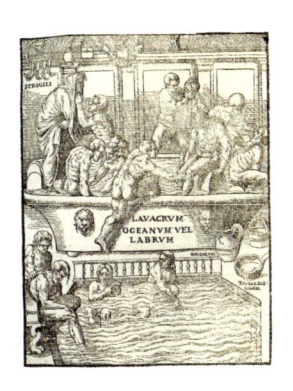

如何洗头
1612年

如果你一年只清洗你的头发四次,并且是用灰烬制成的热浓液来洗,你会发现这是个很棒的权宜之计。在此之后,你必须立即找一个人在你头上浇灌二至三加仑冰喷泉水,然后再用冷毛巾擦干你的头。突然浇灌下来的冷水或许会把你吓坏,但这是很不错的法子,因为自此之后身体会自然充斥热量,也不会秃头,也能增强记忆力。

威廉·沃恩(William Vaughan)
《公认的健康指导方针》(*Approved Directions for Health*)

在头上倒水确实是件很可怕的事。
但是,信不信由你,一年只洗四次头虽然很恐怖,还是有好处的!

参见:如何洗发,12世纪,第64页。

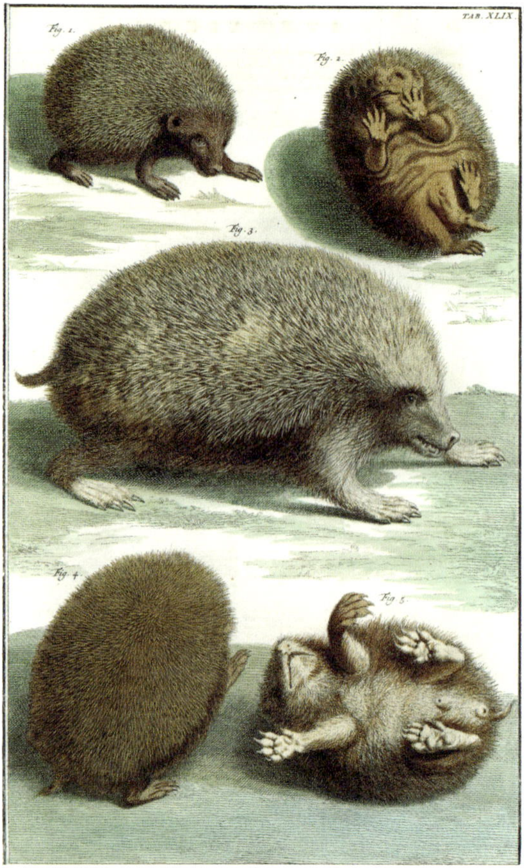
TAB. XLIX.
Fig. 1.
Fig. 2.
Fig. 3.
Fig. 4.
Fig. 5.

如何制作"刺猬"

1725年

如何制作"刺猬"？取一夸脱新鲜奶油，将之煮沸，然后打一颗鸡蛋加进去，再加入四分之一品脱酸奶，将之混合均匀，持续不断地搅拌；让它沸腾，直到有点变色，再把它放在一块布上，用力挤压，取出乳清；等它冷却之后，再加入捣碎的杏仁和精糖；然后将它捏成刺猬的样子，将切成小块的杏仁钉在身上，再放上新鲜的奶油；钉上两三颗葡萄干，当成鼻子和眼睛。

罗伯特·史密斯（Robert Smith）
《宫廷烹饪》（*Court Cookery*）

有时候你想要烹煮"刺猬"，
但在农夫市场就是找不到，或是受到饮食的限制，
你可以上网键入"刺猬日志"（Hedge-Log），
再加点芝士球、温迪琪太太[1]，还有所有18世纪的天才！

---

1 编按：《刺猬温迪琪的故事》（*The Tale of Mrs. Tiggy-Winkle*）一书的主角。

如何预防瘟疫
1579年

将两颗核桃、两颗无花果、二十片芸香叶和一粒盐,全部搅碎混合。任何人食用之后,再禁食,那一天将不会受到毒药和瘟疫之害。

托马斯·勒普顿(Thomas Lupton)
《一千件值得注意之事》(*A Thousand Notable Things*)

16世纪的元气棒提供你所需的营养,帮你度过烦人(瘟疫似的)又不愉快(有毒的)的工作日。

注意:按照指示,与一粒盐一并服用。

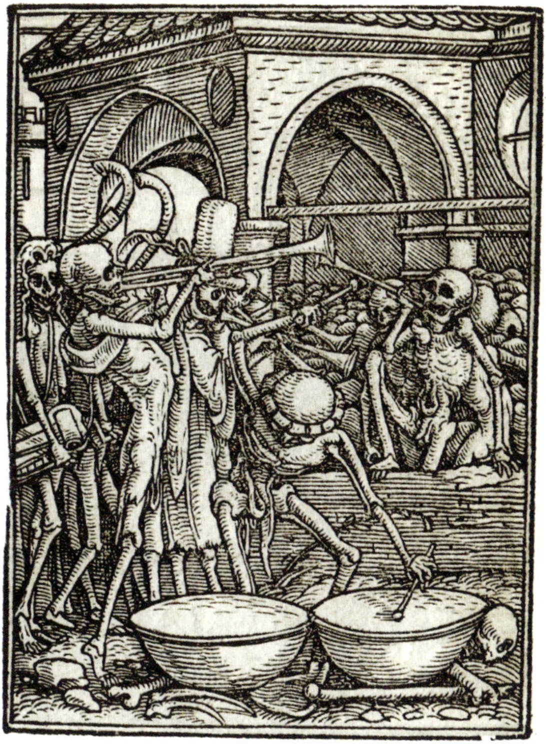

154

如何酿造公鸡麦芽啤酒
1697年

如何酿造公鸡麦芽啤酒？取九加仑麦芽啤酒，让它发酵，当它发酵完成之后，备妥四磅葡萄干，去籽，并在研钵中捣碎，还有两颗肉豆蔻和同等分量的豆蔻香料细粉；再取两只公鸡……取出它们的骨头，在研钵中捣碎，（在你放入所有葡萄干碎和香料之前）将之放入啤酒容器中，接着将它们紧紧密封，静置两周。当你装瓶时，在每一瓶啤酒中都放入两三小片柠檬皮、等量的蜜糖生姜根，以及一块糖，密封，再静置两三个星期，便能饮用。这啤酒非常爽口，也不怕饮用过量。

《知识新书》（*A New Book of Knowledge*）

有时候，你不确定自己究竟需要一杯麦芽酒，
还是一碗热腾腾的鸡汤。
在这种时刻，
公鸡麦芽啤酒能够让你忘却悲伤，并治愈你的饮酒过量。

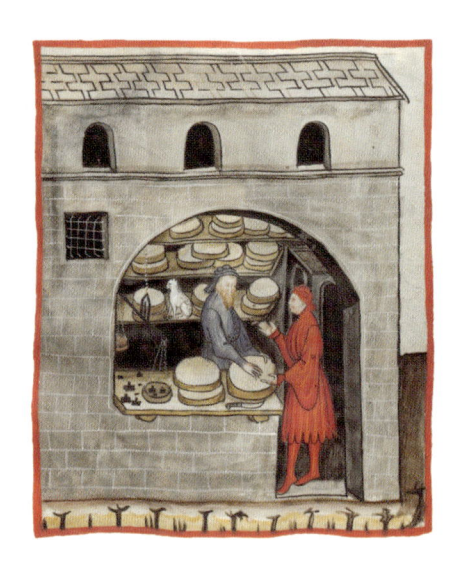

如何制作芝士通心粉
约1390年

将面团擀成一张大薄片,切成一块一块,再将它们放入沸腾的热水中,直至煮熟。取一块芝士,磨成粉末,与融化的奶油一起铺在通心粉的上下两层,即可享用。

《烹饪表现形式》(*The Forme of Cury*)

需要一道孩子真的爱吃的速成晚餐吗?
这道中世纪通心粉真的很简易哦。

参见:如何制作芝士欧姆蛋卷,约1393年,第121页。

如何治相思病
11世纪

帮助喜爱美色之徒,让他们不要陷入过度执着的最适当的方法:品尝温和又芳香的酒;听音乐;与最亲密的朋友交谈;朗诵诗歌;欣赏明亮丰饶、香气扑鼻,有清澈的流水的花园;和美丽的女士或男士一同散步或消遣。

康斯坦丁努斯·阿非利加努斯(Constantinus Africanus)
《旅人医书》(*Viaticum*)

☞

想要从分手的恶劣情绪中复原吗?喝一点酒,打电话给你最好的朋友,认识一些新的美女或帅哥,一起去玩。

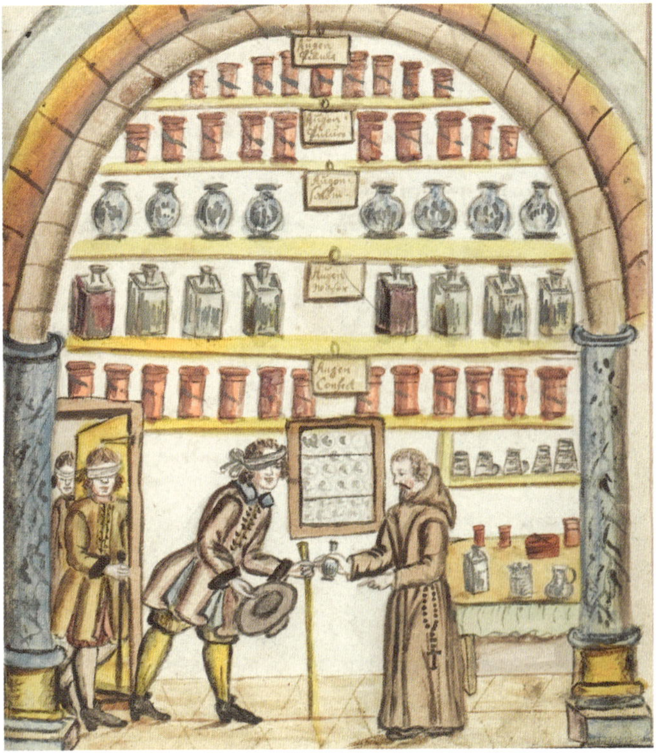
Augen
Confect

如何治疗眼疾
1673年

取大量的蟋蟀——通常出没在烘烤房——将它们捣碎，用力榨出汁液来，滴一滴到眼睛当中，每日三次，即使病人过去是盲人，也能够恢复视力。将耳垢放进眼睛里也是个极有效的方法。从鹅翅膀的大骨取出的油也有同样的功效。将一只公鸡的胆，混合等量的蜂蜜，以此涂抹在眼睛上，能使视力清楚。野兔的胆和鳗鱼的胆也非常有效。

威廉·瑟蒙（William Sermon）
《疾病神奇疗法》（*A Friend to the Sick*）

谁知道呢？擦上一大块的耳垢，失明者就能重见光明了！

如何制作草皮长凳
约1305年

在草皮和草本植物的高度之间，准备一块较高的草皮，制成像座椅的样子，既是造景，也是宜人的设施；在阳光照射之处应该种植一些树木或藤蔓植物，其树枝不但能够保护草皮，而且具有遮阳效果，带来舒适、清凉的阴影。

皮耶洛·迪奎森西（Piero de'Crescenzi）
《中世纪园艺手稿》（*Liber ruralium commodorum*）

何必买草坪家具呢？
你的草坪就可以当家具用了啊！

如何判定自己是否怀孕

1685年

想要知道女人是否怀孕,可以取她的尿液,将之装在一个铜罐中,再放入一块锉得发亮的铁,放置一整夜。如果她怀孕了,你将会看到红色的斑点;如果没有,铁会变黑和生锈。

《艺术与自然的现代趣闻》

(*Modern Curiosities of Art and Nature*)

17世纪:男人像个男人,女人也很坚韧的年代,家庭妊娠试验需要运用到冶金的技能。

参见:如何生出漂亮的小孩,1697年,第90页。

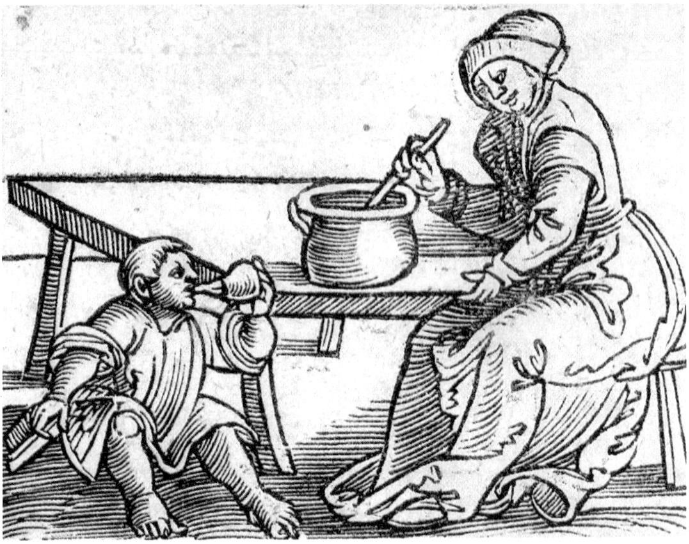

如何喂小孩吃饭

1692年

关于小孩的正餐,我认为最好的方式是,尽量避免每一个小时固定喂食一次。小孩如果习惯了固定的饮食时间,他在习惯的时间会想到食物,如果错过了,他会变得暴躁易怒……因此,我不会让他的早餐、午餐、晚餐的时间固定,而是几乎每天都会有变化。在我称之为正餐的这段时间,只要他想吃东西的话,不妨尽量让他吃新鲜的干面包。如果有人觉得这样太辛苦,想让孩子少吃一餐,他们也应该知道,孩子绝不会因此饿死,也不会因缺乏营养而瘦小。在晚饭时,他们除了正餐时的肉类和其他食物,只要有胃口,或许可以经常提供新鲜的面包和啤酒。

约翰·洛克(John Locke)

《教育漫话》(*Some Thoughts Concerning Education*)

自由主义之父的育儿建议:想要正确地养育你的孩子,你需要:(1)干面包;(2)大量的啤酒;(3)惊喜的元素。

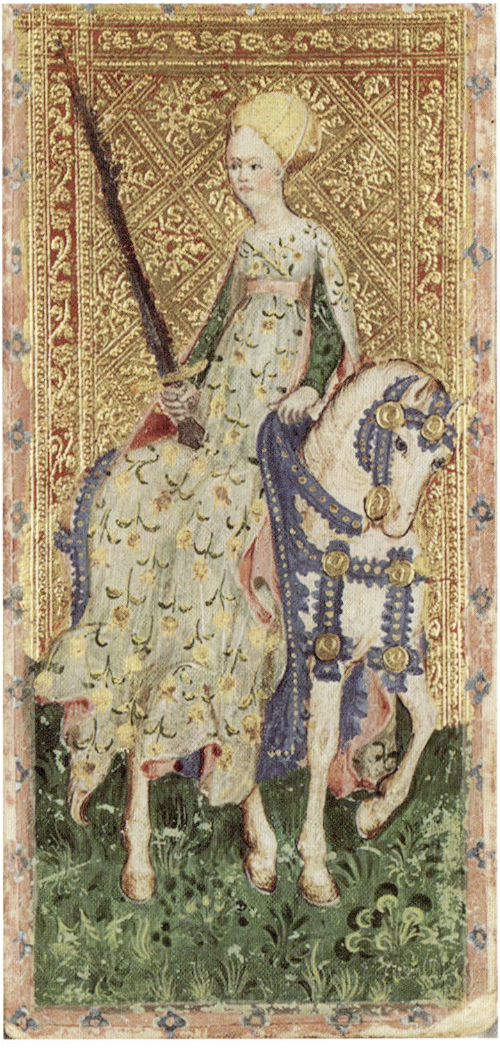

如何扮好男爵夫人的角色
1404年

男爵夫人必须具备广博的知识,能够理解一切事物……此外,她必须具备男人的勇气。这意味着,在她的成长过程中,不应该总和女性相处,也不应该沉溺于女性的娇生惯养……她必须以智慧约束自己的行为,成为大家敬畏又喜爱的对象……她必须是一位优秀的演说家,适时地展现骄傲,小心避免轻蔑、乖戾或叛逆,对她那些忠诚恭顺的臣民展现温柔、宽厚和谦虚……任何人提及她时,都不会说她行事专断。再次强调,她应该具备男人的精神,必须懂得用兵之道以及与战争相关的一切事物,有必要时,甚至能够亲自指挥。

克里斯蒂娜·德·皮桑(Christine de Pizan)
《淑女的美德》(*Le Trésor de la Cité des Dames*)

男爵夫人:这种生物具有男人的勇气、女人的智慧,还有天使般了不起的简历。

如何打赢官司

约1260年

如果有人身上带着狼的牙齿、皮肤和眼睛,且有律师的话,他将在法庭上取得胜利,而且他将是各国的有钱人。

艾伯特·麦格努斯(Albertus Magnus)
《论动物》(*De animalibus*)

☞

一个精辟的人生格言:随身携带狼牙,而且总是聘请律师。

如何预防喝醉酒
1653年

如何预防喝醉酒？先喝一大口沙拉油，因为它会浮在你喝的酒之上，并且抑制酒精上升到大脑。此外，无论分量多寡，先喝下新鲜的牛奶，之后你或许可以喝下三倍多的酒，却不会有喝醉的风险。但是，这种预防醉酒的方式会让你多么恶心，我在此无法确定。

休·佩拉特（Hugh Plat）
《艺术与自然的宝屋》（*The Jewel House of Art and Nature*）

☞

万无一失的预防醉酒混合配方：
三等份酒，一等份牛奶，加上少许沙拉油。
摇匀，立即重新考虑！

参见：如何解酒，1612年，第13页。

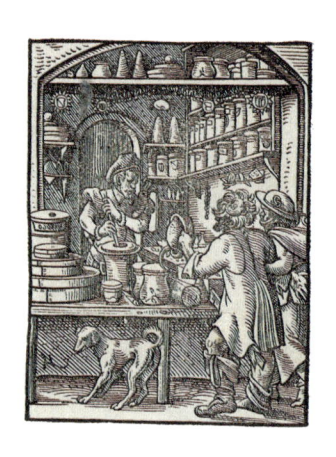

如何治头痛
1561年

一个很有效的治头痛方法:在头顶上放一个装满水的锡盘或大盘子,往里面加入一盎司半至两盎司熔铅。要不然就制作一个马鞭草花环,并日夜戴着它,这也具有神奇的功效。

希尔尼玛斯·本茨威格(Hieronymus Brunschwig)
《家庭医药护理大全》
(*A Most Excellent and Perfecte Homish Apothecarye*)

👉

大部分治头痛的偏方的问题是,它们都不够像表演艺术。在你的头顶上熔化金属、用草药装饰,那才是真正神奇的经历啊!

参见:如何消除头痛,9世纪,第28页。

如何入眠

1474年

睡觉时应先侧卧右边，再侧卧左边，这样是比较好的。任何健康的人，都不应该仰躺，这会导致许多严重的疾病。因为在床上仰躺，会使身上的体液偏离其正常的轨道，可能会影响到大脑、神经和肾脏……尤其在夜间入眠的时候，我们必须避开月亮，因为它会激起寒气，并引发多种黏膜炎，特别是当寒冷且带有湿气的月光照射在睡眠者头部时。

巴托罗梅欧·帕提那（Bartolomeo Platina）
《健康愉悦的美食理论》（*De honesta voluptate et valetudine*）

这种睡眠编排有些烦琐，
但是，你避免了脑部感染时，可要感谢帕提那。

参见：如何治失眠，1597年，第72页。

如何保护婴儿
1697年

必须要特别小心,不要让孩子被吓到,也绝对不要把小孩单独留在家里,以免他们受伤。不管是有毒的生物,还是一些其他外伤,他们都无力抵抗。大家都知道像蝎子、蛇这一类的生物,曾经悄悄爬入小孩口中,或是使他们受伤。还有猫也会趴在孩子身上,造成他们窒息。

约翰·派奇(John Pechey)
《婴幼儿疾病总论》
(*A General Treatise of the Diseases of Infants and Children*)

你好,新手父母!17世纪想提醒大家,蝎子、蛇和发狂的家猫,都在等着机会跳进那张婴儿床呢。祝你好运,安心睡觉吧!

参见:如何培养你的小孩,12世纪,第51页。

如何在跳舞时展现优雅神态
1538年

当你在跳舞时,始终保持心甘情愿的笑脸,拜托,老兄,脸上表情愉快一点儿。有些男人,当他们跳舞时,总是看起来像是在哭泣,又好像是便秘似的。

安东尼奥·艾瑞纳(Antonius Arena)
《跳舞准则》(*Leges dansandi*)

听好,我们大家都有各自的问题,
但是,请尽量不要把你的烦恼带进舞池,
尤其是牵涉到排便私事时。

如何婉拒主子的老婆

约 1200 年

如果你主子的老婆经常将目光投射在你身上，不知羞耻地觊觎着你，让你知道她想和你上床；如果她对你说道："整栋房子都是你的，我的主人丈夫也将永远臣服于你，唯有你将成为我的爱，你会统治一切，主人的一切都是属于你的。"听我说，孩子啊，把我劝告你的话牢记在心里。两害相权取其轻，最好的策略就是假装生病，伪装痛苦，明智又审慎地离开。

贝克尔斯的丹尼尔（Daniel of Beccles）
《文明人之书》（*Urbanus magnus*）

接受中世纪的谏言：
你可以找借口说你喝到坏掉的浓汤，
或是在狩猎野猪时背部拉伤了。

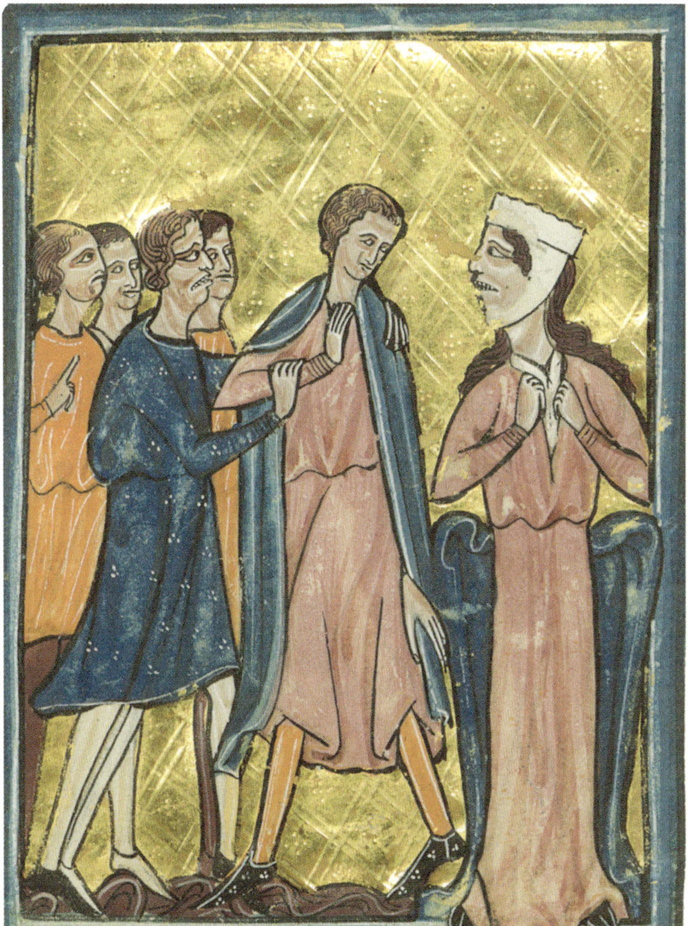

如何制作圣诞节派

1774年

如何制作约克郡的圣诞节派？首先制作一张完美的派皮，周围和底部都要非常厚。将火鸡、鹅、鸡、鹧鸪和鸽子全部去骨，妥善调味，将半盎司豆蔻香料、半盎司肉豆蔻、四分之一盎司丁香和半盎司黑胡椒全部捣碎，再加上两大匙盐，混合在一起拌匀。将所有禽类从背部切开，去骨：先处理鸽子，再处理鹧鸪，将它们覆盖着；再来是鸡、鹅，然后是火鸡，一定要大只的。将它们全部都先调好味，然后铺放在派皮之上，让它们看起来就像是一整只大火鸡。然后准备一只野兔，调味之后，将它摆在派皮的其中一边；而另一边摆放山鹬、红松鸡，或是任何你能够取得的野禽，将之妥善调味，然后铺在派皮上；加入至少四磅的奶油在派中，然后放上锅盖，必须是很厚的锅盖。烤炉的温度一定要高，而且至少需要烤四个小时。

汉娜·葛拉斯（Hannah Glasse）
《烹饪的艺术》（*The Art of Cookery*）

没有什么假期大餐比准备圣诞节派饼更有效率了。
你也许可以再加几个"跳跃的贵族"[1]进去，
若你手边正好有一些的话。

---

1 编按：出自经典圣诞歌曲《圣诞节的十二天》(*The Twelve Days of Christmas*)的其中一句歌词："在圣诞节的第十天，我的真爱送给我十个跳跃的贵族。"

如何保持双手温暖
1579年

任何人在自己的手脚上抹狼的油脂,手脚涂抹之处都不会受到寒冷侵害。

托马斯·勒普顿(Thomas Lupton)
《一千件值得注意之事》(*A Thousand Notable Things*)

连指手套或是狼的油脂,你自己选择吧。

如何治头脑阻塞

1596年

有一种药,能够治鼻子和头脑因感冒所造成的阻塞。取大量的樱草汁,用羽毛管将之吹进患者的鼻子里,之后让他保持温暖,便能够使他的头脑和鼻子畅通。

A. T.
《疾病百科》
(*A Rich Store-House or Treasury for the Diseased*)

👉

当你把羽毛管插进病人鼻子,又把樱草汁用力吹进他的鼻腔时,他可能会感到惊恐不已,但他到头来还是会感谢你的。

如何改善记忆力

1563年

如何拥有良好的记忆力？取獾的一颗牙齿或是它的左腿，将之绑在你的右臂接近身体的地方。也可以取鹧鸪的胆汁，用来摩擦你的太阳穴，它可能会渗到你的皮肤和肉体中，一个月一次，如此你便会拥有良好的记忆力。

阿列修·皮蒙特西（Alessio Piemontese）
《皮蒙特·亚历克斯大师的秘方——第二部》
（*The Second Part of the Secretes of Maister Alexis of Piemont*）

☞

这有点像浮士德式的交易，不是吗？
你的记忆力获得改善，要付出的代价是：
得用獾身上的部位和鹧鸪的胆汁来装点自己。
至少别人一定会记住你！

如何圆满达成出差任务
1528年

科西莫·德·麦地奇[1]有一位朋友很有钱,却没什么学识,他通过科西莫得到一项出使佛罗伦萨的任务。这位朋友在临行之前,请教科西莫该如何圆满达成任务,科西莫回道:"穿着粉红色的服装,少开口说话。"

巴尔达萨雷·卡斯蒂利奥尼(Baldesar Castiglione)
《廷臣论》(*Il Libro del Cortegiano*)

计划到米兰去出差吗?听从科西莫的谏言:
闭上你的嘴,让你的粉红色西装为你代言。

---

1 编按:文艺复兴时期佛罗伦萨著名的大商人。

如何亲吻

1777年

有些作家说，除非同时得到对方回应，否则算不上是亲吻，或充其量只算完成一半……亲吻的意义取决于当下的情境、热切的程度、亲吻的部位、时间以及其他细节，无须一一举例。但是，所有的亲吻方式当中，"斑鸠之吻"[1]是最激昂有力的，却很少使用，因为所处情境往往无法随心所欲啊！

《爱情字典，含注释》（*A Dictionary of Love, With Notes*）

如果你想知道对方是否深爱你的话，
记得一定要注意热切的程度、时间和部位。

---

1 编按：法式接吻，以斑鸠交颈来形容接吻时的动作。

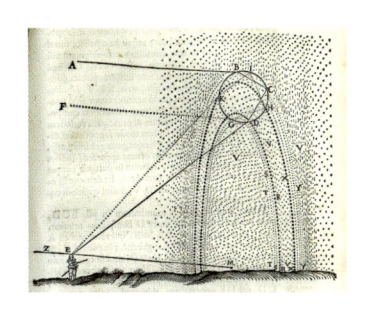

如何制造彩虹

1633年

　　彩虹是世界上令人赞叹的一种景象，往往使人目眩神迷。从云端中看着它丰富的色彩混合，有如灿烂的繁星、珍贵的宝石和最美丽的鲜花装饰……我要告诉你，如何以一个精彩又简单的实验，在自家门前制造彩虹。嘴巴汲取一些水，背对着阳光，而脸部面向阴暗处，将含在嘴里的水喷出，它可能会喷洒出小水珠和蒸气；你将看到这些原子蒸气在太阳光束中变成一道美丽的彩虹，但很可惜的是，它并不会持续太久，很快就会消失不见。

汉德里克·凡·埃腾（Hendrik van Etten）
《趣味数学》（*Mathematicall Recreations*）

　　你不知道自己体内也有美丽的彩虹吧？
　　丰富的色彩混合能够使男人目眩神迷的那种？
　　只要确保你从嘴里喷出彩虹时，对方没有正好站在你面前！

182

如何照顾你的狗
约1393年

下班回到家之后,勤奋一点,你本人或是先回到家的另一半,要把狗喂好,并且在盆里装好新鲜干净的水给狗喝。接下来让它们上床睡觉,将舒服的稻草放在暖和的地方,如果它们又湿又浑身泥泞的话,将之安置在火炉前。如果你这么做,它们就不会纠缠餐桌或餐具柜边的人,也不会钻进床铺。如果你没有照顾好它们的需求,你要知道,它们认真工作之后肚子会饿,就会在桌子底下四处搜寻,或是从餐具柜或厨房抓一块肉来吃。它们会互相攻击、捣乱,以满足其需求。如此一来,它们会把自己搞得筋疲力尽,完全没有休息,也因此继续乞求,行为顽劣。这是你的错,不是狗的错。

《持家指南》(*Le Ménagier de Paris*)

浑身都是泥巴的狗又在你的床上了吗?是谁的错?

如何处理书籍
1345年

首先,关于将书翻开和合上的部分,必须要温和适当地处理,千万不要鲁莽地将书翻开;书看完之后,也要将书完全合上,再收藏好。我们必须小心守护一本书,比照顾一双靴子更加谨慎。

而这一类的学童常常会被负面评价,除非受到长辈的规则约束,他们会放纵于无止境的幼稚行为……你可能会碰巧看到某个任性的小伙子,懒洋洋地混在书房中,正当外面天寒地冻之际,刺骨的冷意使他鼻涕直流,他没有用手绢擦拭,而是放任肮脏的鼻涕将眼前的书沾湿……他也不怕在打开的书本面前吃水果或乳酪,或是漫不经心地举起杯子喝东西……

有些不知分寸的年轻人处理书籍的方式,尤其要禁止。一旦他们学会写字,只要一有机会,就会立刻变成不满的批评者,书上有任何空白之处,就会写满尖酸可怕的字眼,或是只要脑中浮现任何恣意的言论,立刻就会振笔疾书。

理查德·德·伯利(Richard de Bury)
《爱书》(*Philobiblon*)

读者你好!在这寒冷的季节,请记住,你的书可不是面巾纸哦。
此外,中世纪的手稿和芝士也不是绝佳的组合。

如何对你的女人甜言蜜语

1656年

恋人指南:教导他们面对心上人时如何表现自己。与她攀谈时,千万不要只是耸耸肩,好像你很讨厌似的,而要称呼"女士""最美丽的女士"或"举世无双的女士"。也绝对不要让你的话随便说出口,冒出满嘴的誓言,如"我爱你"……但是,你必须以精彩又温柔的话语传递你的真情:赞美心上人的眼睛、嘴唇、下巴、鼻子、脖子、脸颊、双手、双脚、双腿、她的"排泄物",赞美她的一切。

《爱神丘比特之杰作》(*Cupids Master-piece*)

选择几句恭维的话,那位举世无双的小姐将会属于你。

但要小心17世纪的拼写:

你是要赞美她的腰(waist),可不是她的排泄物(waste)哦。

如何种甜瓜

1691年

当你的瓜开始成熟时,千万不要以为造访你的甜瓜园一天至少四次算太多,以免它们错过最精华的时期,失去其诱人滋味,变得瘦长与过熟。

尼古拉斯·德·博纳丰(Nicolas de Bonnefons)
《法国园艺手册》(*The French Gardiner*)

☞

甜瓜农民照顾自己的作物,必须像美洲狮跟踪猎物似的,
守候在阴影处等待猛扑的绝佳机会。

如何怀孕

1671年

雄性鹌鹑的心脏天生与男人有关,而雌性鹌鹑的心脏与女人有关,可以增加怀孕机会,并让夫妻之间产生爱情……

威廉·瑟蒙(William Sermon)
《仕女指南》(*The Ladies Companion*)

☞

还有什么能够比"他"和"她"的鹌鹑心更甜蜜的呢?
它们就像鹌鹑恋人配对纪念品盒!

参见:如何判定自己是否怀孕,1685年,第161页。

如何照顾新生儿

1256年

女人生产完之后,应该知道如何照顾新生儿。要知道,小婴儿一出生之后,应该用碎玫瑰花混合细盐包覆着……家里任何成员想要抱他时,应该轻轻地躺下,调整好位置,以便给宝宝一个舒适的姿势,对一个聪明的保姆来说,这很容易办到。蜡在软的时候可以随心所欲塑造成任何形状,小婴儿也一样,会因保姆的照顾方式而定型。基于这个原因,你应该知道,小孩的美丑极大程度上都是保姆造成的。而当婴儿手臂被包裹着,双手在膝盖上,头部轻轻覆盖保护好之后,就让他在摇篮里睡吧。

锡耶纳的阿尔杜布兰迪诺(Aldobrandino of Siena)
《身体饮食》(*Le régime du corps*)

照顾新生儿有点像保存火腿一样。
只要加点盐和一些芳香植物,妥善安排,等待他熟成就行了。

参见:如何帮婴儿洗澡,1744年,第200页。

如何制作干面条

1570年

将两磅面粉、三颗鸡蛋和温水混合成面团，在桌上揉好之后静置一刻钟。用擀面杖将它擀平，等这一张面团薄片稍微干一点，再用切割轮修剪掉不规则的边缘。薄片变干之后（切记也不能太干，否则会造成龟裂），再用筛子撒一些面粉在上面，以避免粘连。接着再拿擀面杖，从一端开始，让整张面皮松散地包住整个擀面杖。抽出擀面杖之后，将卷好的面皮用一把宽且薄的刀子斜切。切好之后，再将之展开。等它们稍微干一点之后，将多余的面粉过筛。用肥肉油汤、牛奶或奶油，将之一同制成汤。煮好之后，趁热搭配芝士、糖和肉桂食用。如果你想用它们来烤千层面的话，将面团薄片切割成像擀面杖的长度，同样地，再纵向将其划分为二，将之切成正方形。与野兔、鹤或其他肉类熬成的汤，或是和牛奶一起煮。趁热搭配芝士、糖和肉桂食用。

巴托洛梅奥·史加皮（Bartolomeo Scappi）
《中世纪烹饪大师厨艺大全》（*Opera*）

当你家厨房啥都没有，
只剩面粉、鸡蛋和一罐陈旧的鹤肉汤时，晚餐煮这个最适合了。

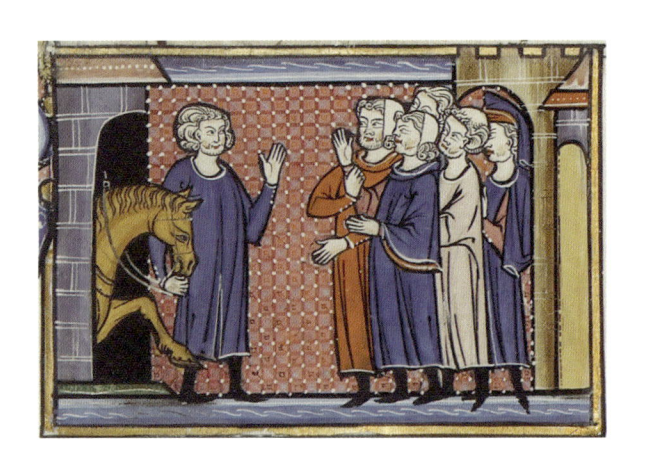

如何从舞会中脱身
约1200年

在你准备离开之际,让你的马候在门外;不要在大厅里骑上马,除非主人要你这么做。

贝克尔斯的丹尼尔(Daniel of Beccles)
《文明人之书》(*Urbanus magnus*)

了解如何退场是很不错的,但是人在室内跳跃上马,
不管怎么说,都有点太戏剧化了吧!

如何修眉

1563年

取一只公山羊或母山羊的胆汁,以公山羊的为佳,将之涂抹在你的眉毛上,眉毛就会即刻掉落。

阿列修·皮蒙特西(Alessio Piemontese)
《皮蒙特·亚历克斯大师的秘方——第二部》
(*The Second Part of the Secretes of Maister Alexis of Piemont*)

既然有山羊酵素,何必辛苦动手或用蜡拔除你的眉毛呢?
不过要记得跟你的美容师说,要上等的公山羊胆汁哦。

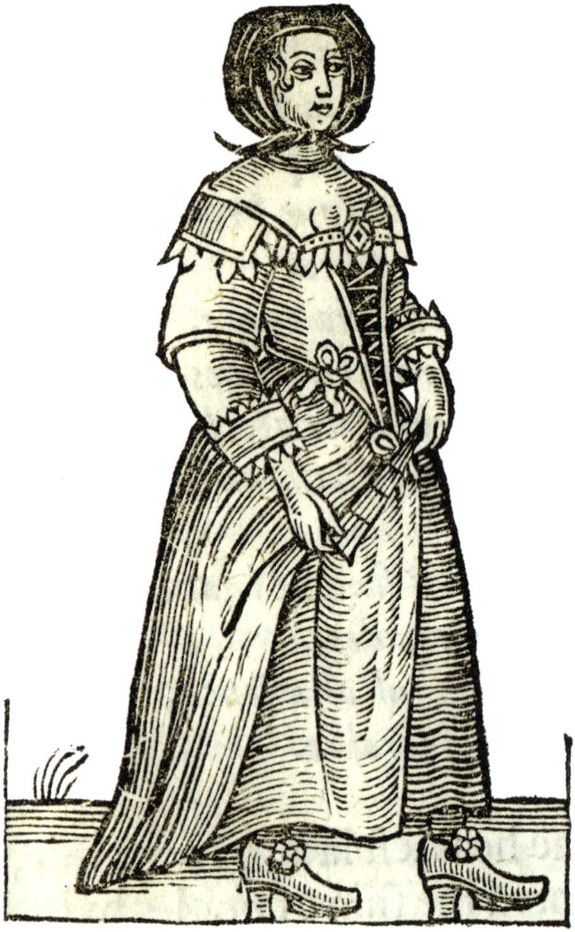

如何穿软木高底鞋

1600年

为了走路姿态优雅,将高底鞋正确地穿在脚下,以便走路时不会扭伤,或歪斜(因为如果一个人不知道正确的穿法,很可能会弄坏鞋子,或屡屡跌倒,如同在聚会中和教堂里常见的景象),女士在跨出第一步时,最好要先抬高那只脚的趾头,如此一来,她伸展了那条腿的膝盖,而此伸展使她的身体直挺、具有吸引力,除此之外,她的高底鞋也不会从脚上脱落。还有,借由抬高这只脚,她避免了拖行,也不会发出任何令人讨厌的声响。接着,这只脚放下之后,抬起另一只脚时重复同样的动作……通过这种走路方式,就算女士的高底鞋超过一掌半的高度,她看起来也会像是穿了只有三指宽高度的鞋子,同时也能在舞会上轻快地飞舞,变化舞步,如同我今日展现给众人所见的一样。

法毕修·卡罗素(Fabritio Caroso)
《贵族仕女》(*Nobilità di dame*)

穿着枯燥的平底鞋,还是甘冒跌倒的风险穿着性感的高跟鞋?
都不必!只要按照这些步骤,
你就可以高人"一掌半"以上,在人群之中穿梭自如。

如何治放屁
1685年

对抗腹腔中的气体。将一条活生生的丁鱥鱼放在患者肚脐处，使其头部向上面对胃部；并用餐巾纸将它捆紧；放置二十四小时，直到鱼死了为止；接着再将它埋在粪堆中，你会发现肠胃胀气消失不见了。

尼古拉斯·拉梅利（Nicolas Lemery）
《艺术与自然的现代趣闻》
（*Modern Curiosities of Art & Nature*）

如果有人问你，为什么要在肚子上绑一条垂死的鱼，
只要告诉他们，这是用来解决你的排气问题的。
我保证他们不会再来烦你。

参见：如何放屁，1530年，第7页。

如何制作蜗牛面包
1685年

这种面包,只要一口就能够让人维持八天,不用吃任何其他的东西。取大量的蜗牛,去除它们的黏性;把它们风干之后,再磨成细粉,以此制成一条面包,只要吃了一口,或许就能让人八天不需要进食了。

尼古拉斯·拉梅利(Nicolas Lemery)
《艺术与自然的现代趣闻》
(*Modern Curiosities of Art & Nature*)

吃一口这种特制的面包,会让你连续八天,
只要一想到吃东西就觉得恶心!
唯一的问题是:要学习如何让蜗牛去除黏性,
这你可得要咨询不同的指南了。

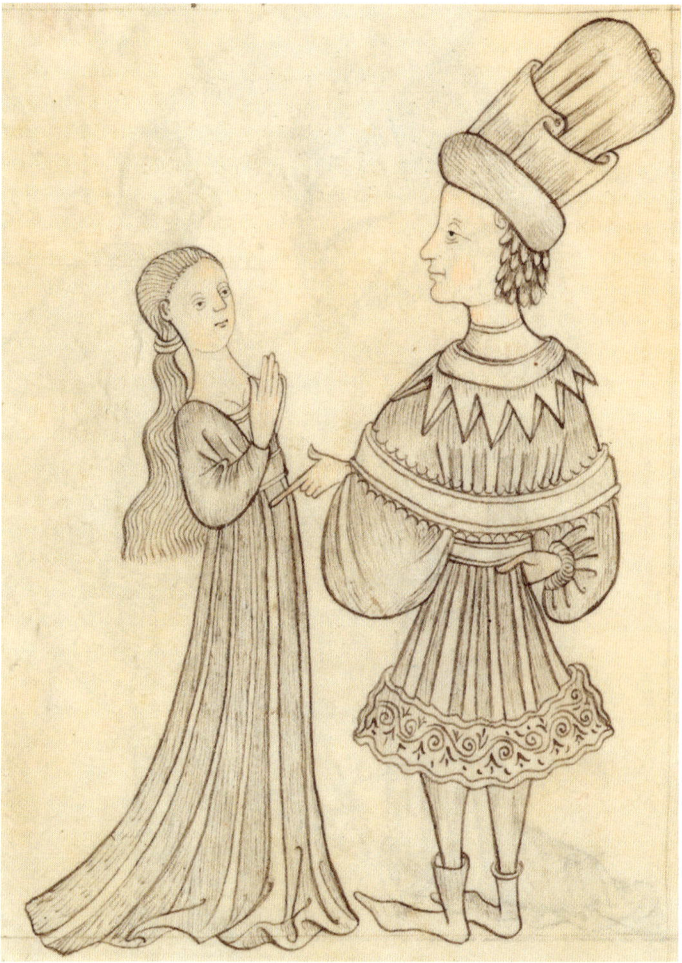

如何调整你的姿态
1484年

年轻姑娘不应该轻率地左顾右盼。姑娘们,不要像乌龟或鹤一样,把自己的头脸伸出,一颗头转来转去,像一个指南针似的。反之,要让自己坚定不动,像野兔一样,这种动物总是盯着前方看,而不会转头四处观望。始终直视你的正前方,如果你必须望向某一边时,不妨让脸和身体一起转过去,让自己看起来坚定又自信,因为那些轻浮地左顾右盼、四处张望的人,往往会受人耻笑。

杰弗瑞·德拉·图尔·兰德里(Geoffrey de la Tour Landry)
《高塔骑士之书》(*The Book of the Knight of the Tower*)

整个转身,而不是只有转头而已,会让人有一种印象:你若不是值得信赖的人,就是正遭受颈部拉伤之苦。

如何使用培根肉
约530年

至于生培根肉，我听说过，这是法兰克人习惯吃的……因为这种食物，使他们比其他人更健壮。且让我举一个很好的实例，来证明我所言不虚：将厚的培根肉，长时间敷在各种伤口上，无论是外伤，还是殴打所造成的伤口，这样既能清洁任何化脓之处，又能辅助治疗。看看生培根肉所具备的强大力量，就会明白法兰克人如何医治医生尝试用药物或药剂治疗的伤口。

安提姆斯（Anthimus）
《食品遵守法则》（*De obseruatione ciborum*）

培根肉绷带：可以让你少跑一趟急诊室。

如何快速调出鸡尾酒
1658年

旅行者无法在酒馆里享用啤酒或麦酒时,如何自行酿造立即可喝的鸡尾酒?取一夸脱干净的水,加入五六大勺纯正的开胃烈酒、一盎司糖和一束迷迭香,酝酿好一会儿,再从一壶倒至另一壶,然后即可饮用。

约翰·怀特(John White)
《烟火艺术创作指南》(*A Rich Cabinet*)

旅行时只要随身带着一些糖浆、威士忌和迷迭香,
混合摇一摇,就可以让酒店老板倒人胃口的啤酒滚一边去。

如何帮婴儿洗澡

1744年

将婴儿带到火炉边，遵照下列的方式清洁：取大约一品脱葡萄酒（或者，如果家境普通的人，可以用相等分量的啤酒），当中溶入一点新鲜的奶油，微温时用亚麻布或海绵清洗小婴儿全身，从头部开始……洗完头之后，为他戴上一顶羊毛帽，防止他感冒。接着清洗身体的其他部位。全部洗好之后，用一块干净柔软的布将他的全身擦干，再用婴儿布包覆。全身包妥、穿好衣服之后，就可以让他睡觉了。不要让小婴儿仰躺，而要侧卧，这样他嘴巴里的口水或液体才容易流出。有时候，你也可以给他喝一点加了细砂糖的酒。

《保姆指导手册》(*The Nurse's Guide*)

帮你的新生儿洗澡，你需要：酒、奶油和糖。
在你帮宝宝洗完澡，把他安顿好准备睡觉之后，
你可以用沐浴所剩之物来提振自己的精神。

参见：如何换尿布，1612年，第107页。

如何清醒或入眠
1685年

要使一个人清醒或入眠,你必须趁蟾蜍活着的时候,即刻巧妙地砍下它的头,将之晒干。注意观察它是否一只眼睛闭上,另一只眼睛睁开:睁开的眼睛会使人清醒,而闭合的眼睛则使人入眠。

尼古拉斯·拉梅利(Nicolas Lemery)
《艺术与自然的现代趣闻》
(*Modern Curiosities of Art & Nature*)

有一只干巴巴的眨眼蟾蜍头,
谁还需要咖啡因或好立克(Horlicks)[1]呢?

---

1 编按:发源自英国,以麦芽做成的热饮,有助于睡眠。

如何预测坏天气
约1470年

当你看到一只猫坐在窗边,沐浴在阳光之下,舔它的背后,又用腿揉耳朵,那天一定会下雨。

《女性的福音》(*Les Evangiles des Quenouilles*)

☞

好消息是,这种天气预测技术只需要你的猫就行了。
坏消息是,肯定是几乎天天都会下雨。

如何安排求爱行程

1707年

所有的医生都同意，人不应该在禁食之际亲吻，因为任何人在饥饿的时候都不应该工作。工作会消耗我们的精力，而性爱也会使人气力衰弱。反之，我们应该在肚子适度填饱之后才互相拥抱（一如有些人的做法）。在这个时刻，我们会感到一股奇妙的欲望，这是食物发挥作用所引发的性欲和精神。在此之后，我们或许可以通过睡眠重新恢复元气，对于那种疲倦感，休息是唯一的补救方法。

尼古拉斯·维纳特（Nicolas Venette）
《18世纪性爱之谜》
(*The Mysteries of Conjugal Love Reveal'd*)

你知道吃完小点心之后，自己体验到的那种奇妙渴望？

好消息：这正是医生的指示。

参见：如何避免怀孕，12世纪，第21页。

如何安抚长牙的婴儿
约1450年

有时候宝宝长牙会很不舒服。在这种情况下，你应该用手指按压宝宝的牙床，轻轻地按摩。还有上颚也是。你也可以在宝宝牙龈上涂抹野兔的大脑（非常适合缓解不舒服的症状），或者用脂肪、奶油或优质橄榄油。每天应该涂抹两次。狗的乳汁也是很适合的。还有，用母鸡的脂肪涂抹并按摩牙床，也具有不错的功效。

米歇尔·萨沃纳罗拉（Michele Savonarola）
《孕妇饮食调理》（*Ad mulieres ferrarienses*）

长牙的麻烦？
没问题——只要在宝宝的嘴里涂抹一些油腻的脂肪即可。
唯一的问题是，一旦他尝过野兔大脑的滋味，
就再也不会想吃梨泥了。

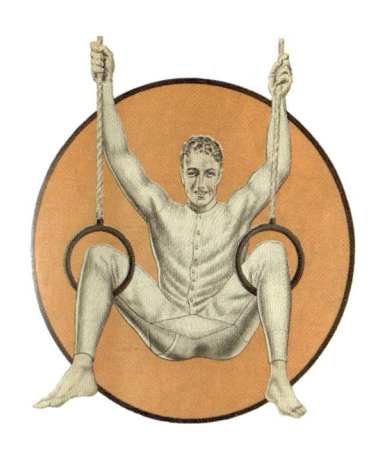

如何像绅士般地穿内衣
1891年

内衣，包括汗衫、内裤和短裤。材质可以是法兰绒、针织物或丝绸。白色是最恰当的颜色，因为它纯净、无瑕。像粉红色、蓝色或黑色这些颜色或许也可以穿。内裤要合身，否则长裤穿起来会有问题……内衣至少一天换两次。穿着晚礼服时总是搭配丝绸内衣。

莫特摩尔·迪拉诺·德·兰诺（Mortimer Delano de Lannoy）
《19世纪绅士服仪》（*Simplex Munditiis*）

你可以从晚宴内衣上看出一个人是不是绅士：
一定是丝绸材质，可能是紧身或粉红色的。而且，绝对都非常干净。

如何打理你的鼻子
1640年

很明显地,轻视自己的鼻孔问题是很不健康的。有些人呼吸气息非常大声,有时用自己的手擦鼻涕,然后双手又互相搓揉。有时候,他们也会伸手挖鼻孔,把鼻屎揉成弹丸,甚至在大庭广众之下这么做。也有些人会以同样的手法,从耳朵掏出耳垢。我们已经观察到许多人都是如此漫不经心和邋遢。

卢卡斯·葛拉西安·丹提斯科(Lucas Gracián Dantisco)
《西班牙豪侠》(*Galateo espagnol, or, the Spanish Gallant*)

当你能够忍住不用身体的分泌物来制造雕塑品时,
你将发现自己是真正的绅士。

如何预测生活花费

约1470年

当你在城镇或村庄附近看到狼在寻找猎物，你应该知道，这是未来高生活成本的征兆。

《女性的福音》（*Les Evangiles des Quenouilles*）

☞

要是你认为邻近地区最近一连串狼攻击的事件会导致房价下跌的话，那你就错了。

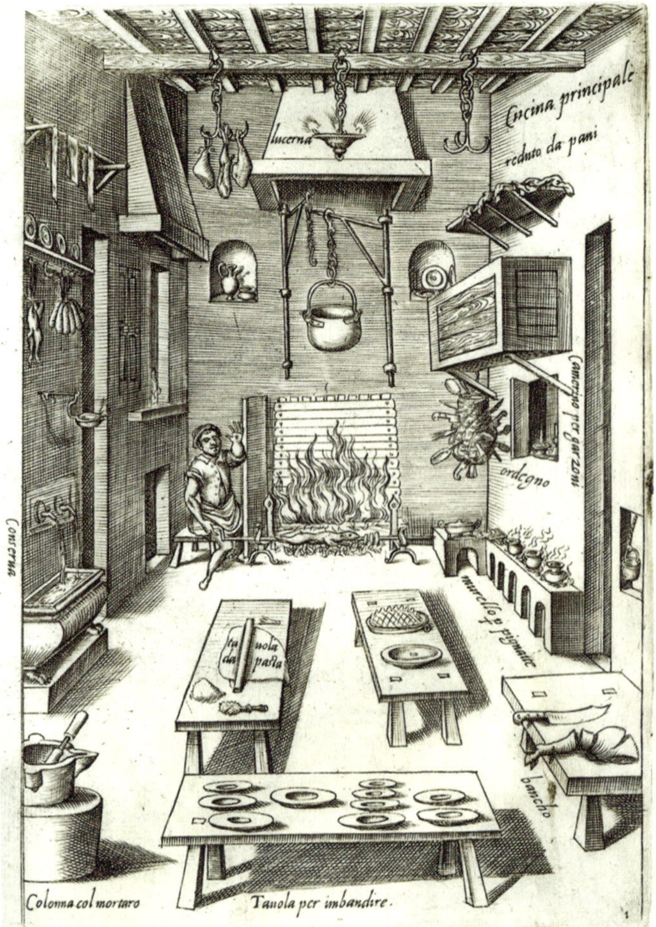
Cucina principale
reduto da pani
lucerna
Camerino per garzoni
ordegno
tauola da pasta
bancho
Conserva
Colonna col mortaro
Tauola per imbandire.

如何选择厨师
1474年

每个人都该有一位训练有素的厨师,他具有好厨艺和丰富经验,对工作有耐心,也特别喜欢工作表现受人赞赏。他应该缺乏藏污纳垢的本事,知道肉、鱼和蔬菜的功用和本质,也知道何时应该烘烤、水煮、油炸。他也应该够机警,能够分辨食物口味太咸或太淡……他不应该太过贪吃或贪婪……才不至于做出不恰当的举动,吃掉主人原本要吃的食物。

巴托罗梅欧·帕提那(Bartolomeo Platina)
《健康愉悦的美食理论》(*De honesta voluptate et valetudine*)

征求:经验丰富,既不肮脏也不贪吃的厨师。

如何瘦身

12 世纪

  如果一个女人很肥胖,看起来像水肿似的,就让我们混合牛粪和上等的葡萄酒,再将此混合物涂抹在她身上。然后,让她进入蒸汽浴,这个蒸汽浴的水要非常热,用古老的木材柴火烧的,让她流下大量汗水……而针对肥胖的男人,我们以另一种方式处理。我们会在沙岸边为他们挖一个坑穴,用上述同样的方法,在他们身上涂抹混合物,当气温非常高的时候,让他们半身置于坑穴中,用浇灌下来的热沙子覆盖,让他们大量出汗。之后,我们再用上述的蒸汽浴仔细地清洗他们全身。

《女性医学文选》(The Trotula)

你计划去巴哈马群岛度假,但觉得全身有点水肿吗?

没问题!这种"粪肥包覆法"可以帮助你立刻恢复海滩身材。

如果这还不够的话,你也可以把自己埋在沙堆中哦。

如何判断月亮周期
1658年

一般的家猫也有这种特质,她们的眉毛每天随着月亮的周期及其外观变化而增加或减少,此事他每天看到,因此乐于记下相关的经验。

约翰·怀特(John White)
《烟火艺术创作指南》(*A Rich Cabinet*)

你的猫对你扬起眉毛的高度与日俱增,
那是因为她不敢相信你这么容易受骗!

如何预防老鼠偷吃乳酪
1581年

如何创造一个食谱,能够制作出各类老鼠都不会来偷吃或是啃咬的乳酪?黄鼠狼、老鼠和小老鼠,都相互仇恨对方至极,因此,如果你把黄鼠狼的脑加入凝乳酵素或凝乳果子,再以此来制作乳酪,那么,不管是大老鼠还是小老鼠,都不会跑来偷吃这块乳酪了。

托马斯·希尔(Thomas Hill)
《自然工艺合体论》(*Naturall and Artificiall Conclusions*)

有了这么聪明的食谱,你的乳酪终将免受害虫的啃咬。
但是呢,等上完这一道乳酪之后,
再告诉你的晚餐客人"黄鼠狼乳酪"这个惊人的秘方吧。

如何养猫

约1470年

如果你养了一只名贵的猫咪,不想失去它,你必须连续三天在它的鼻子和四肢涂抹奶油,如此一来它绝对不会离开这个房子了。

《女性的福音》(*Les Evangiles des Quenouilles*)

☞

这一招肯定能防止你的猫咪逃跑。
只是不太确定猫咪持续逗留的原因,
是因为服从还是抓地力变差?

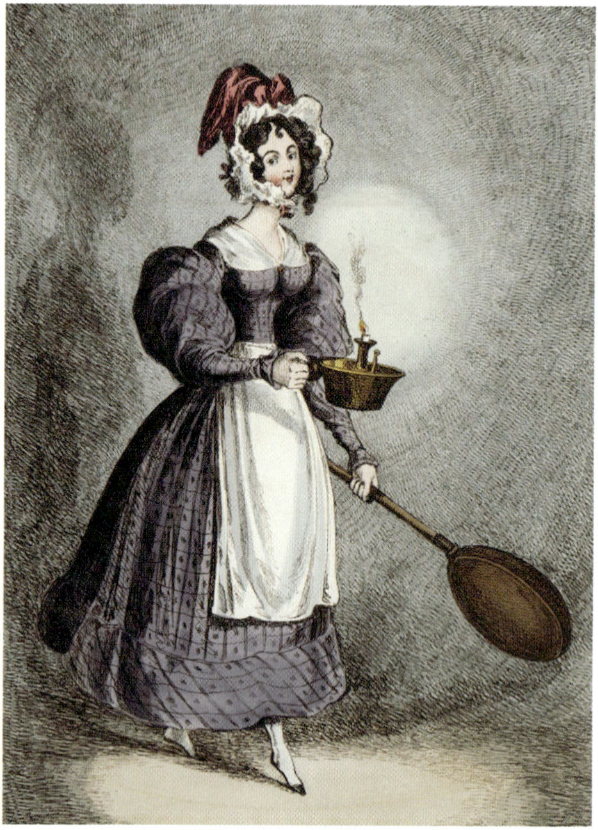

如何治疗酸痛
1835年

辛苦骑马或狩猎一天之后,如何消除酸痛感?在睡前,取来一锅烧得火热的煤炭,往里面丢进一把赤砂糖以及几个杜松子(可有可无),以糖所冒出的香甜水汽熏蒸,让你的床铺变温暖。为了不让热气跑掉,你应该趁还很暖和时,慢慢钻入被窝。到了隔天早晨,所有的酸痛都会消失不见。

查理斯·德·贝伦杰(Charles de Berenger)
《保护生命与财产指导手册》
(*Helps and Hints How to Protect Life and Property*)

辛苦狩猎一天全身酸痛?
只要用一些芳香植物熏蒸一下自己,
到了早上你就会感到很舒适了。

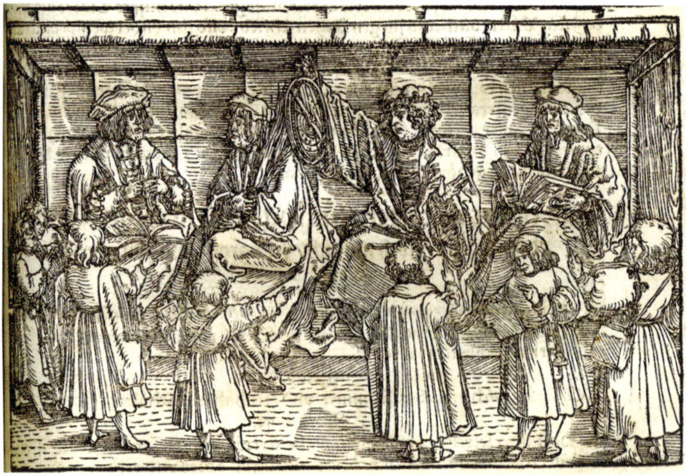

如何在学校守规矩
1595年

千万不要让自己去学校时,如同顽劣的作恶者被锁在颈手枷上,或上绞刑台时那般,带着邪恶的意念……当你在学校时,在课堂上要认真学习,专注于老师的教导,无论老师教了什么,都要仔细地做笔记,并且认真思考,直到完全学会为止……避免和同伴打架、争吵,要保持礼貌、和善、谦卑,无论贫富一视同仁。不吵闹,也不要以任何方式打扰你的同学,更不要打扰你的师长。

威廉·费斯顿(William Fiston)
《学童礼仪教育》(*The Schoole of Good Manners*)

还有:在课堂上不要受到脸书的诱惑,
学期研究报告也不要过度依赖维基百科,
更不要在社交媒体上嘲笑你的老师。

如何生活
约1200年

愿充满喜悦的诗歌常使你的灵魂欢愉。说愉快的话语,而非争吵。愿你经常穿着吸引人的新衣服,愿你有时在床上能有个慷慨的伴侣。避免枕头里充斥麦麸、头发或是肮脏之物。享用多种美味的食物和未稀释的酒。不要放纵食欲,要蔑视贪吃。努力成为行为端正之人,远离恶习,避免危险的事物。如果你的皮肤生疥癣,请教你的医生。经常聆听悦耳的音乐。为自己追求成功,保持忠实,远离欺骗。回避忌妒心,不要让愤怒的情绪控制你。当你在神圣之地时,培养圣洁之心,憎恶脏话和可耻的行为。让你的行为永远坦荡,从不隐藏。如此,你便会长久活于绚烂多彩的快乐之中。

贝克尔斯的丹尼尔(Daniel of Beccles)
《文明人之书》(*Urbanus magnus*)

中世纪良好生活的关键:
把它印出来(当然要靠手工抄写),然后挂在你的城墙上。
还要记得去检查疥癣哦。

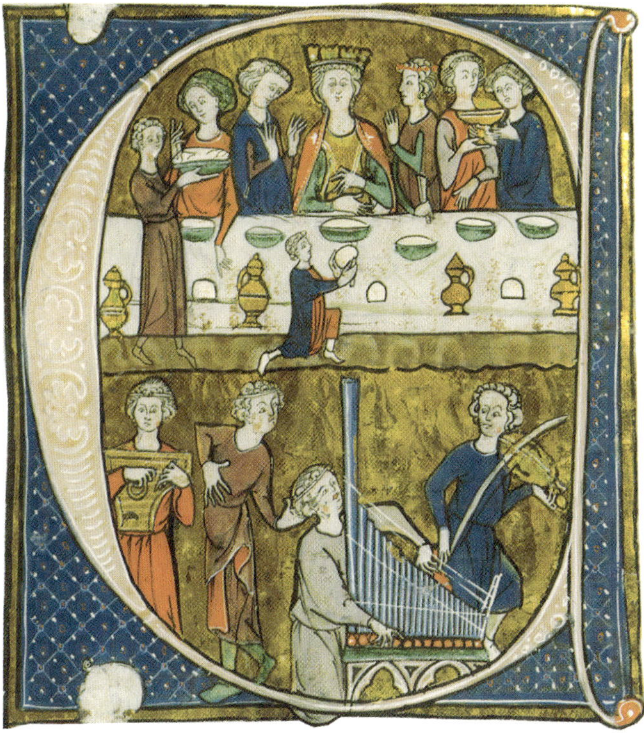

注　释

如何调整你的姿态（How to Adjust Your Posture），1484年：
Geoffrey de la Tour Landry, *The Book of the Knight of the Tower*, trans. Rebecca Barnhouse, *The Book of the Knight of the Tower: Manners for Young Medieval Women* (New York, 2006), 79.
杰弗瑞·德拉·图尔·兰德里于1371年出版的《教导女儿之书》（原文：*Livre pourl'enseignement de ses filles*；英译：*Book for the Instruction of his Daughters*）由威廉·卡克斯顿（William Caxton）于1484年译成英文。

如何攻击敌船（How to Attack an Enemy Ship），1441年：
Mariano di Jacopo Taccola, *De ingeneis: Liber primus leonis, liber secundus draconis, addenda; Books I and II, On Engines, and Addenda*, ed. and trans. Giustina Scaglia, Frank D. Prager, and Ulrich Montag, 2vols.(Wiesbaden, 1984), 46.（译文微幅改写。）
机械工程师马里亚诺·塔可拉（Mariano Taccola）这本技术专著仅存在手稿版本。

如何吸引情人（How to Attract a Lover），1699年：
Aristotle's Legacy: or, His Golden Cabinet of Secrets Opened (London, 1699), 18.
这本算命指导手册乃其中一个借哲学家亚里士多德之名自抬身价的文本，约于1690年首次出版。

如何避开认识的人（How to Avoid an Acquaintance），1881年：
John H. Young, *Our Deportment, Or the Manners, Conduct, and Dress of the Most Refined Society* (Detroit, 1881), 48.

如何预防瘟疫（How to Avoid the Plague），1579年：
Thomas Lupton, *A Thousand Notable Things, of Sundry Sortes* (London, 1579), 57.
本手册收录了五花八门又精彩的趣闻轶事以及丰富的小诀窍，首次出版于1579年，由于颇受欢迎，因而持续发行至19世纪。

如何避免怀孕（How to Avoid Pregnancy），12世纪：
The Trotula: A Medieval Compendium of Women's Medicine, ed. and trans. Monica H. Green (Philadelphia, 2001), 97–99.
知名的《女性医学大全》（*The Trotula*）是关于女性医学知识的文选，在中世纪时以不同的版本流传。虽然此文本的核心是有关萨勒诺（Salerno，位于意大利南部，中世纪时为医学研究重镇）一位名叫 Trota 的女医生，但《女性医学大全》包含三个独立的文本，全部都与一位名为 Trotula 的神话般的人物相关。

如何扮好男爵夫人的角色（How to Be a Baroness），1404年：
Christine de Pizan, *A Medieval Woman's Mirror of Honor. The Treasury of the City of Ladies,* trans. Charity Cannon Willard, ed. Madeleine Pelner Cosman（New York, 1989）, 168–170.
克里斯蒂娜·德·皮桑（Christine de Pizan）继她著名的《城市淑女之书》(*Livre de la Cité des Dames*）之后，又出了这本女性指导纲要《淑女的美德》(*Le Trésor de la Cité des Dames*），它也是中世纪时期以法语写成的。

如何成为主厨（How to Be a Chief Cook），1473年：
Olivier de la Marche, *Mémoires,* trans. Terence Scully, in Scully, *Early French Cookery: Sources, History, Original Recipes and Modern Adaptations*（Ann Arbor, 1995）, 46.
奥利维尔·德拉·马希的《回忆录》(*Mémoires*）涵盖了15世纪下半叶朝臣、诗人和酒店领班，乃至勃艮第"大胆的查尔斯"公爵等人物的故事。

如何在学校守规矩（How to Behave at School），1595年：
William Fiston, *The Schoole of Good Manners: Or, a New Schoole of Vertue*（London, 1595）, C5r-v.
早期模仿伊拉斯谟的《论礼仪》(*De civilitate*）的英文版，依照法文的意译。

如何有礼貌地打嗝（How to Belch Politely），1640年：
Lucas Gracián Dantisco, *Galateo Espagnol, or, the Spanish Gallant,* trans. W[illiam] S[tyle]（London, 1640）, 9.
丹提斯科（Dantisco）针对《礼仪》(*Galateo*）的西班牙文改编本，出版于1590年间，并于1640年被翻译成英文。

如何养马（How to Breed Horses），1620年：
Nicolas Morgan, *The Horse-mans Honour, or, the Beautie of Horsemanship*（London, 1620）, 108–109.

如何在水中弹跳（How to Caper in Water），1595年：
Everard Digby, *De arte natandi,* trans. Christopher Middleton, *A Short Introduction for to Learne to Swimme*（London, 1595）, K2v.
迪格比（Digby）的拉丁文游泳指导手册出版于1587年。

如何照顾新生儿（How to Care for a Newborn），1256年：
Aldobrandino of Siena, *Le régime du corps de Maître Aldebrandin de Sienne,* trans. Faith Wallis, in *Medieval Medicine: A Reader*（Toronto, 2010）, 495–496.
阿尔杜布兰迪诺（Aldobrandino）为萨伏依的碧翠斯伯爵夫人以法文汇编了关于食物疗法的文选，书中引述了具有影响力的医学作家，如阿维森纳（Avicenna）和拉齐（Rhazes）的文章。

如何照顾你的猫（How to Care for Your Cat），约1260年：
Albertus Magnus, *De animalibus,* trans. Kenneth F. Kitchell, Jr. and Irven Michael Resnick, *On Animals: A Medieval Summa Zoologica,* 2 vols.（Baltimore, 1999）, 1523.

圣艾伯特（St Albert），德国多明我会（Dominican）的哲学家、神学家和主教，由于个人学术研究的广泛性，后来被称为"万能医生"。

如何照顾你的狗（How to Care for Your Dog），约1393年：
Le Ménagier de Paris, trans. Gina L. Greco and Christine M. Rose, *The Good Wife's Guide: A Medieval Household Book*（Ithaca, NY, 2009），234.
《持家指南》（*Le Ménagier de Paris*），法文作品，讲述丈夫如何指导年轻的妻子，其中包含家事管理的各种技巧以及380道食谱。

如何整理草坪（How to Care for Your Lawn），约1260年：
Albertus Magnus, *De vegetabilibus libri VII,* trans. Christopher Thacker, *The History of Gardens*（London, 1979），84.

如何保养你的鲁特琴（How to Care for Your Lute），1676年：
Thomas Mace, *Musick's Monument; or, a Remembrancer of the Best Practical Musick*（London, 1676），62, 64.
梅斯（Mace）的指导手册包含鲁特琴和六弦提琴两者的介绍。

如何保健牙齿（How to Care for Your Teeth），13世纪：
Regimen sanitatis Salernitanum. The Regimen of Health of the Medical School of Salerno, trans. Pascal P. Parente（New York, 1967），38.
《健康养生准则》（*The Regimen sanitatis*），以拉丁文六步诗写成的医疗建议，与萨勒诺城重要的中世纪医学教学相关联。

如何护理牙齿（How to Care for Your Teeth），1595年：
William Fiston, *The Schoole of Good Manners,* C1r-v.
（参见：如何在学校守规矩，1595年。）

如何捉苍蝇（How to Catch Flies），约1393年：
Le Ménagier de Paris, trans. Greco and Rose, 140.
（参见：如何照顾你的狗，约1393年。）

如何捕捉魟鱼（How to Catch a Ray），1658年：
Giambattista della Porta, *Natural Magick: in XX Bookes by John Baptista Porta, a Neopolitaine*（London, 1658），331–332.
德拉·波尔塔（Della Porta）的《大自然的奥秘》（*Magia Naturalis*）于1558年首次出版，该书解释了自然界的神奇现象；此为第一个英文版本。

如何换尿布（How to Change a Nappy），1612年：
Jacques Guillemeau, *Child-birth or, the Happy Deliuerie of Women*（London, 1612），21.

如何魅惑男人（How to Charm a Man），1896年：
The Ladies' Book of Useful Information. Compiled from Many Sources（London, ON, 1896），72.

如何搭讪女人（How to Chat with a Woman），约1180年：
Andreas Capellanus, *De amore,* ed. and trans. P. G. Walsh, *On Love*（London, 1982）, 47.
《论爱情》（*De amore*）一书对于"宫廷爱情"的现象提供了中世纪经典的诠释。

如何选择厨师（How to Choose a Cook），1474年：
Bartolomeo Platina, *De honesta voluptate et valetudine,* trans. Mary Ella Milham, *Platina, On Right Pleasure and Good Health: A Critical Edition and Translation of* De honesta voluptate et valetudine（Tempe, Ariz., 1998）, 119.
巴托罗梅欧·萨基（Bartolomeo Sacchi），后来以其出生地为名，被人们称为帕提那（Platina）。他早期从事雇佣兵的工作，之后成为梵蒂冈图书馆的馆长。他是第一本印刷出版的食谱的作者。

如何选择船上的座位（How to Choose Your Seat on a Ship），1458年：
William Wey, *The Itineraries of William Wey,* ed. B. Badinel（London, 1867）, 4.

如何清洁牙齿（How to Clean Your Teeth），1561年：
Hieronymus Brunschwig, *A Most Excellent and Perfecte Homish Apothecarye or Homely Physik Book,* trans. John Hollybush〔？〕（London, 1561）, 18.
希尔尼玛斯·本茨威格（Hieronymus Brunschwig）的作品《家庭医药大全》（*Thesaurus pauperum: Hauß Apotek*），其第一个英译本于1507年首次出版。

如何使头脑清楚（How to Clear Your Head），1623年：
Tobias Venner, *Via recta ad vitam longam, pars secunda*（London, 1623）, 27.

如何赞美女士（How to Compliment a Lady），1663年：
John Gough, *The Academy of Complements*（London, 1663）, 92–96.
首次出版于1639年。

如何与人交谈（How to Converse），1646年：
Francis Hawkins, *Youths Behaviour, or, Decency in Conversation Amongst Men*（London, 1646）, 6.
于1640年左右首次出版的《青少年行为》（*Youths Behaviour*），是翻译自一部法文作品 *Bienséance de la conversation entre les hommes*（1617），其本身也是以《礼仪》（*Galateo*）一书为基础。

如何烹煮豪猪（How to Cook a Porcupine），1570年：
Bartolomeo Scappi, *Opera,* trans. Terence Scully, *The Opera of Bartolomeo Scappi*（*1570*）: *L'arte et Prudenza d'un Maestro Cuoco*（Toronto, 2008）, 179.
巴托洛梅奥·史加皮（Bartolomeo Scappi）是几位教皇的私人厨师，也是1570年意大利文艺复兴时期最有影响力的食谱作者之一。

如何治疗眼疾（How to Cure Eye Problems），1673年：
William Sermon, *A Friend to the Sick: or, the Honest English Mans Preservation.*（London, 1673）, 71–72.

如何治放屁（How to Cure Gas），1685年：
Nicolas Lemery, *Modern Curiosities of Art & Nature*（London, 1685）, 59-60.
首次出版于1684年。

如何消除头痛（How to Cure a Headache），9世纪：
Pseudo-Pliny, trans. H. S. Versnel, 'The Poetics of the Magical Charm: An Essay on the Power of Words', in Paul Mirecki and Marvin Meyer, ed., *Magic and Ritual in the Ancient World*（Leiden, 2002）, 119-200.
这个建议出现于9世纪的一份手稿（St. Gallen, Cod. Sang. 751），一本古董医书的附录中。

如何治头痛（How to Cure a Headache），1561年：
Hieronymus Brunschwig, *A Most Excellent and Perfecte Homish Apothecarye or Homely Physik Book,* trans. Hollybush, 4.
（参见：如何清洁牙齿，1561年。）

如何治头脑阻塞（How to Cure Head Congestion），1596年：
A. T., *A Rich Store-House or Treasury for the Diseased*（London, 1596）, 48.

如何治失眠（How to Cure Insomnia），1597年：
William Langham, *The Garden of Health*（London, 1597）, 356-357.

如何治相思病（How to Cure Lovesickness），11世纪：
Constantinus Africanus, *Viaticum,* ed. and trans. Mary Frances Wack, *Lovesickness in the Middle Ages: The Viaticum and its Commentaries*（Philadelphia, 1990）, 191.
"非洲康斯坦丁"（"Constantine the African"）出生于北非，后来在意大利南部的蒙特卡西诺成为一名修道士，在此期间他将阿拉伯文重要的医学文献翻译成拉丁文。

如何治恶心（How to Cure Nausea），1693年：
Robert Boyle, *Medicinal Experiments, or, a Collection of Choice and Safe Remedies*（London, 1693）, 175.
此书首次印刷于1688年。

如何治疗流鼻血（How to Cure a Nosebleed），1673年：
William Sermon, *A Friend to the Sick,* 80.
（参见：如何治疗眼疾，1673年。）

如何治疗青春痘（How to Cure Pimples），1665年：
Thomas Jeamson, *Artificiall Embellishments, or Arts Best Directions*（London, 1665）, 71-74.

如何治晕船（How to Cure Seasickness），1695年：
Maximilien Misson, *A New Voyage to Italy*（London, 1695）, II.335.

如何治疗酸痛（How to Cure Soreness），1835 年：
Charles Random de Berenger, *Helps and Hints How to Protect Life and Property*（London, 1835），110.

如何治牙痛（How to Cure a Toothache），1779 年：
The London Practice of Physic, 4th ed.（Dublin, 1779），154.
第一版出版于1769年。

如何跳舞（How to Dance），约 1455 年：
Domenico da Piacenza, *De arte saltandi,* ed. and trans. A. William Smith, *Fifteenth-Century Dance and Music: Treatises and Music*（Hillsdale, NY, 1995），13.（译文微幅改写。）
多梅尼科·达皮尔琴察（Domenico da Piacenza）是费拉拉地区的舞蹈大师，其意大利文的舞蹈专著是该类型作品最早的文本。

如何装饰餐桌（How to Decorate the Table），1474 年：
Bartolomeo Platina, *De honesta voluptate et valetudine,* trans. Milham, 119.
（参见：如何选择厨师，1474年。）

如何自我防护，免受罗勒草侵害（How to Defend Yourself From Basil），1579 年：
Thomas Lupton, *A Thousand Notable Things,* 10.
（参见：如何预防瘟疫，1579年。）

如何选择游泳时的装束（How to Dress for Bathing），1881 年：
John H. Young, *Our Deportment,* 324.
（参见：如何避开认识的人，1881年。）

如何选择骑单车时的装束（How to Dress for Cycling），1896 年：
John Wesley Hanson, *Etiquette and Bicycling for 1896*（Chicago, 1896），366.

如何打理跳舞时的装束（How to Dress for Dancing），1538 年：
Antonius Arena, *Leges dansandi.* In *Antonius Arena, Provincialis de bragardissima villa de Soleriis, ad suos compagnones studiantes . . .*（Lyon, 1538），ed. and trans. John Guthrie and Marino Zorzi, 'Rules of Dancing,' *Dance Research 4, no. 2*（1986）: 3–53, at 28.
安东尼奥·艾瑞纳（Antonius Arena）于1529年首次发表《跳舞准则》（*Leges dansandi*），附加在他的作品 *Ad suos compagnones studiantes* 之后。针对舞蹈礼仪这个实用的建议最早出现在1529年和1531年的版本中。

如何打扮男士（How to Dress to Impress），1632 年：
Nicolas Faret, *The Honest Man: or, the Art to Please in Court,* trans. E. G.（London, 1632），357–359.

如何帮你的小孩穿衣服（How to Dress Your Child），约 1200 年：
Daniel of Beccles, *Urbanus magnus,* ed. Josiah Gilbart Smyly（Dublin, 1939），80.

225

《文明人之书》（*Urbanus magnus*）是一首冗长的拉丁文诗，针对中世纪的情况提供广泛的建议。

如何选择啤酒（How to Drink Beer），1256年：
Aldobrandino of Siena, *Le régime du corps*, trans. D. Eleanor Scully and Terence Scully, *Early French Cookery: Sources, History, Original Recipes and Modern Adaptations*（Ann Arbor, 1995）, 36.
（参见：如何照顾新生儿，1254年。）

如何喝啤酒（How to Drink Beer），1623年：
Tobias Venner, *Via recta ad vitam longam*, 44–46.
（参见：如何使头脑清楚，1623年。）

如何将头发染成绿色（How to Dye Your Hair Green），1563年：
Alessio Piemontese [Girolamo Ruscelli?], *The Second Part of the Secretes of Maister Alexis of Piemont*, trans. William Ward（London, 1563）, 17.
阿列修·皮蒙特西（Alessio Piemontese）的秘技全集是这一类体裁作品的典范，于1555年出版，至1600年时已被翻译成8种语言，出版发行70个版本。

如何有礼貌地进食（How to Eat Politely），1646年：
Francis Hawkins, *Youths Behaviour*, 34.
（参见：如何与人交谈，1646年。）

如何喝汤（How to Eat Soup），1595年：
William Fiston, *The Schoole of Good Manners*, D1v.
（参见：如何在学校守规矩，1595年。）

如何锻炼身体（How to Exercise），1623年：
Tobias Venner, *Via recta ad vitam longam*, 21–22.
（参见：如何使头脑清楚，1623年。）

如何用摩擦健身（How to Exercise with Friction），1827年：
Thomas John Graham, *Modern Domestic Medicine*, 3rd ed.（London, 1827）, 162.

如何放屁（How to Fart），1530年：
Desiderius Erasmus, *De civilitate morum puerilium libellum*（Basel, 1530）, 17–18.
伊拉斯谟（Erasmus）的《男孩的礼貌教育》（*De civilitate morum puerilium libellum*）首次出版于1530年，是欧洲文明的基础文本之一。

如何增肥（How to Fatten Up），1665年：
Thomas Jeamson, *Artificiall Embellishments*, 65–67.
（参见：如何治疗青春痘，1665年。）

如何喂小孩吃饭（How to Feed Your Child），1692年：
John Locke, *Some Thoughts Concerning Education*, ed. Ruth W. Grant and Nathan

Tarcov, *Some thoughts concerning education; and, Of the conduct of the understanding* (Indianapolis, 1996), 18.
约翰·洛克（John Locke）的《教育漫话》（*Some Thoughts Concerning Education*）源自于给一位朋友提供养育小孩的建议。

如何折叠出令人惊羡的餐巾纸（How to Fold Fabulous Napkins），1629年：
Li tre trattati di messer Mattia Giegher Bavaro di Mosburc（Padua, 1629）10–12.
在帕多瓦工作的马蒂亚斯·耶格尔（Matthias Jäger）的《餐巾折叠艺术论》（*Li tre trattati*），是第一本完整收录餐巾、桌布折叠艺术的指南。

如何利用龙虾辅助园艺（How to Garden with Lobsters），1777年：
The Complete Vermin-Killer: A Valuable and Useful Companion for Families, in Town and Country, 4th ed.（London, 1777），66.

如何怀孕（How to Get Pregnant），1671年：
William Sermon, *The Ladies Companion, or the English Midwife*（London, 1671），13.

如何驱除蚊子（How to Get Rid of Mosquitoes），约1260年：
Albertus Magnus, *De animalibus*, trans. Kitchell and Resnick, 1477.
（参见：如何照顾你的猫，约1260年。）

如何生孩子（How to Give Birth），约1450年：
Michele Savonarola, *Ad mulieres ferrarienses de regimine pregnantium et noviter natorum usque ad septennium*. Ed. Luigi Belloni, *Il trattato ginecologico-pediatrico in volgare*（Milan, 1952），121.
米歇尔·萨沃纳罗拉（Michele Savonarola）是有远见的修士吉罗拉默·萨沃纳罗拉（Girolamo Savonarola）的祖父，他是一位著名的医生，也创作了许多医学论文专著，其中包括对费拉拉的女性所提的医疗建议这一本书。

如何修眉（How to Groom Your Eyebrows），1563年：
Alessio Piemontese [Girolamo Ruscelli?], *The Second Part of the Secretes of Maister Alexis of Piemont,* trans. Ward, 10.
（参见：如何将头发染成绿色，1563年。）

如何处理书籍（How to Handle Books），1345年：
Richard of Bury, *Philobiblon,* trans. E. C. Thomas（London, 1903），105.
英国主教理查德·德·伯利（Richard de Bury）是早期的一位藏书家，其《爱书》（*Philobiblon*）讨论书籍的收集、保养和防护方法。

如何收割曼陀罗（How to Harvest the Mandrake），12世纪：
Apuleii liber de medicaminibus herbarum, ed. and trans. George C. Druce, 'The Elephant in Medieval Legend and Art', *Journal of the Royal Archaeological Institute* 76（1919），46.

如何种甜瓜（How to Harvest Melons），1691年：
Nicolas de Bonnefons, *The French Gardiner,* trans. John Evelyn. 4th ed.（London, 1691），108.

伊夫林（Evelyn）翻译的这本广受欢迎的法国园艺手册首次出版于1658年（原文版本出现于1651年）。

如何生出漂亮的小孩（How to Have a Beautiful Child），1697年：
Aristotle's Master-piece Compleated（London, 1697），16-17.
这本手册属于借亚里士多德之名自抬身价的其中一本书，涉及妇科和生育议题。

如何训练会表演的狗（How to Have a Performing Dog），约1260年：
Albertus Magnus, *De animalibus,* trans. Kitchell and Resnick, 1460.
（参见：如何照顾你的猫，约1260年。）

如何治愈各种伤口（How to Heal All Wounds），1686年：
Hannah Woolley, *The Accomplish'd Ladies Delight in Preserving, Physick, Beautifying, and Cookery*（London, 1686），86.
首次出版于1685年。

如何在舞会中令女士印象深刻（How to Impress Girls at a Dance），1538年：
Antonius Arena, *Leges dansandi,* trans. Guthrie and Zorzi, 33-35.（译文微幅改写。）
（参见：如何打理跳舞的装扮，1538年。）

如何改善记忆力（How to Improve Your Memory），1563年：
Alessio Piemontese [Girolamo Ruscelli?], *The Second Part of the Secretes of Maister Alexis of Piemont,* trans. Ward, 8-9.
（参见：如何将头发染成绿色，1563年。）

如何增进欲望（How to Increase Lust），11世纪：
Constantinus Africanus, *Constantini Liber de coitu,* trans. Faith Wallis, *Medieval Medicine: A Reader*（Toronto, 2010），520-522.
（参见：如何治相思病，11世纪。）

如何解梦（How to Interpret Dreams），约1100年：
Germanus, *Oneirocriticon,* trans. Steven M. Oberhelman, *Dreambooks in Byzantium: Six Oneirocritica in Translation, with Commentary*（Aldershot, 2008），153-166.
《吉曼努斯的解梦术》（*The Oneirocriticon of Germanus*），流传悠久的解梦指导手册之一，此书为900—1300年的拜占庭文本。

如何访问海外人士（How to Interview People Abroad），1789年：
Leopold Berchtold, *An Essay to Direct and Extend the Inquiries of Patriotic Travellers*（London, 1789），99; 187; 260; 320; 428.
奥地利旅人利奥波德·巴赫托德（Leopold Berchtold）提供切实可行的意见和许多收集来的精确的问题，给好奇的旅行者参考。

如何养猫（How to Keep Your Cat），约1470年：
The Distaff Gospels: A First Modern Edition of Les Evangiles des Quenouilles, ed. and

trans. Madeleine Jeay and Kathleen Garay（Peterborough, ON, and Orchard Park, NY, 2006），237–239.
《女性的福音》（Les Evangiles des Quenouilles）是利用女性的聚会作为叙事框架，集合中世纪晚期妇女民间信仰的文选。

如何保持双手温暖（How to Keep Your Hands Warm），1579年：
Thomas Lupton, *A Thousand Notable Things,* 61.
（参见：如何预防瘟疫，1579年。）

如何将臭虫赶尽杀绝（How to Kill Bedbugs），1777年：
The Complete Vermin-Killer, 3–4.
（参见：如何利用龙虾辅助园艺，1777年。）

如何杀跳蚤（How to Kill Fleas），1688年：
R. W., *A Necessary Family Book*（London, 1688），33.

如何杀死蛇（How to Kill Snakes），1688年：
R. W., *A Necessary Family Book,* 18.
（参见：如何杀跳蚤，1688年。）

如何亲吻（How to Kiss），1777年：
A Dictionary of Love, with Notes（London, 1777），s.v. 'Kiss'.

如何预知死亡是否即将来临（How to Know if Death is Imminent），5世纪：
Pseudo-Hippocrates, *Capsula eburnea,* trans. Faith Wallis, *Medieval Medicine: A Reader*（To-ronto, 2010），44.
《希波克拉底陵墓书简》（Capsula eburnea），也被称为 Prognostica，看来好像是晚期希腊预言文本在5—6世纪的拉丁文版本。

如何判定自己是否怀孕（How to Know if You're Pregnant），1685年：
Nicolas Lemery, *Modern Curiosities of Art & Nature,* 70.
（参见：如何治放屁，1685年。）

如何判断月亮周期（How to Know the Moon's Phase），1658年：
John White, *A Rich Cabinet, with Variety of Inventions*（London, 1658），33.
怀特（White）的《烟火艺术创作指南》（A Rich Cabinet）乃一系列奇思妙想的文选中的第一本，于1651年首次出版。

如何从舞会中脱身（How to Leave a Party），约1200年：
Daniel of Beccles, *Urbanus magnus,* 51.
（参见：如何帮你的小孩穿衣服，约1200年。）

如何生火（How to Light a Fire），1612年：
The Booke of Pretty Conceits A2r.
（参见：如何醒酒，1612年。）

如何生活（How to Live），约1200年：
Daniel of Beccles, *Urbanus magnus*, 92.
（参见：如何帮你的小孩穿衣服，约1200年。）

如何在有限的预算下保持体面（How to Look Good on a Budget），约1280年：
Amanieu de Sescás, *Ensenhamen de l'escudier,* trans. Mark. D. Johnston, 'The Occitan *Ensenhamen de l'escudier* and *Essenhamen de la donzela* of Amanieu de Sescás', in Mark D. Johnston, ed., *Medieval Conduct Literature: An Anthology of Vernacular Guides to Behaviour for Youths, with English Translations*（Toronto, 2009），31–32.
鲜为人知的阿曼尼欧·德·萨斯卡斯（Amanieu de Sescás）著有两本诗歌形式的教学手册：《侍从教导指南》（*Ensenhamen de l'escudier*）和《年轻女士教导指南》（*Essenhamen de la donzela*）。

如何在跳舞时展现优雅神态（How to Look Good While Dancing），1538年：
Antonius Arena, *Leges dansandi*.
（参见：如何打理跳舞的装扮，1538年。）

如何制造鸟飞弹（How to Make Bird Missiles），13世纪：
Marcus Graecus, *Liber ignium ad comburendos hostes,* ed. and trans. J. R. Partington, *A History of Greek Fire and Gunpowder*（Baltimore, 1960），46.
《以火制敌秘方》（*Liber ignium ad comburendos hostes*）大约出现于13世纪。

如何制作芝士欧姆蛋卷（How to Make a Cheesy Omelette），约1393年：
Le Ménagier de Paris, trans. Greco and Rose, 310–11.
（参见：如何照顾你的狗，约1393年。）

如何制作巧克力（How to Make Chocolate），1685年：
Philippe Sylvestre Dufour, *The Manner of Making Coffee, Tea, and Chocolate,* trans. John Chamberlayn（London, 1685），72.

如何制作圣诞节派（How to Make a Christmas Pie），1774年：
Hannah Glasse, *The Art of Cookery Made Plain and Easy*（London, 1774），139–140.
第一版出版于1747年。

如何酿造公鸡麦芽啤酒（How to Make Cock Ale），1697年：
A New Book of Knowledge（London, 1697），3.

如何煮咖啡（How to Make Coffee），1685年：
Philippe Sylvestre Dufour, *The Manner of Making Coffee, Tea, and Chocolate,* trans. Cham-berlayn, 8–10.
（参见：如何制作巧克力，1685年。）

如何进行晚餐对话（How to Make Dinner Conversation），1576年：
Thomas Twyne, *The Schoolemaster, or Teacher of Table Philosophie*（London, 1576）.

改编自中世纪的膳食指导手册（*Mensa philosophica*）。

如何使龙喷烟火（How to Make a Dragon out of Fireworks），1658年：
John White, *A Rich Cabinet,* 103–104.
（参见：如何判断月亮周期，1658年。）

如何制作法式吐司（How to Make French Toast），1660年：
Robert May, *The Accomplisht Cook, or the Art and Mystery of Cookery*（London, 1660）, 162.

如何制作巨蛋（How to Make a Giant Egg），1660年：
Robert May, *The Accomplisht Cook,* 427–428.
（参见：如何制作法式吐司，1660年。）

如何制作"刺猬"（How to Make a Hedgehog），1725年：
Robert Smith, *Court Cookery: Or, the Compleat English Cook*（London, 1725）, 102.
首次出版于1723年。

如何制作番茄酱（How to Make Ketchup），1774年：
Hannah Glasse, *The Art of Cookery Made Plain and Easy,* 240.
（参见：如何制作圣诞节派，1774年。）

如何制作芝士通心粉（How to Make Macaroni and Cheese），约1390年：
The Forme of Cury, trans. Constance B. Hieatt, *The Culinary Recipes of Medieval England: An Epitome of Recipes from Extant Medieval English Culinary Manuscripts*（London, 2013）, 91.
《烹饪表现形式》（*The Forme of Cury*）是一本很重要的中世纪烹饪手册，以中古英语写成。

如何搭建面团城堡（How to Make a Pastry Castle），约1390年：
The Forme of Cury, trans. Hieatt, 184.
（参见：如何制作芝士通心粉，约1390年。）

如何制作粉红色的松饼（How to Make Pink Pancakes），1786年：
Elizabeth Raffald, *The Experienced English Housekeeper, For the Use and Ease of Ladies, Housekeepers, Cooks, &c.*（London, 1786）, 167.
雷佛德（Raffald）的这本畅销食谱和家务技巧选集，首次出版于1769年。

如何快速调出鸡尾酒（How to Make a Quick Cocktail），1658年：
John White, *A Rich Cabinet,* 28.
（参见：如何判断月亮周期，1658年。）

如何制造彩虹（How to Make a Rainbow），1633年：
Hendrik van Etten [Jean Leurechon?], *Mathematicall Recreations*（London, 1633）, 66–68.
本作品中关于机械的奇迹，引用亚历山大港的希罗之作，于1624年首次在法国出版；此书经常被认定为让·卢瑞强（Jean Leurechon）之作。这是第一个英文版本。

如何制作蜗牛面包（How to Make Snail Bread），1685年：
Nicolas Lemery, *Modern Curiosities of Art & Nature,* 240–241.
（参见：如何治放屁，1685年。）

如何让人笑到死（How to Make Someone Die of Laughter），13世纪：
Richardus Salernitanus, *Anatomia,* ed. I. Schwarz, *Die Medizinischen Handschriften der K. Universitätsbibliothek im Würzburg*（Würzburg, 1907）, 90.
作者身份并不明确；此文本或许是12世纪在萨勒诺的医学教学中的一则笔记。

如何制作干面条（How to Make Tagliatelle），1570年：
Bartolomeo Scappi, *Opera,* trans. Scully, 228.
（参见：如何烹煮豪猪，1570年。）

如何刺青（How to Make a Tattoo），1563年：
Alessio Piemontese [Girolamo Ruscelli?], *The Second Part of the Secretes of Maister Alexis of Piemont,* trans. Ward, 16.
（参见：如何将头发染成绿色，1563年。）

如何制作草皮长凳（How to Make a Turf Bench），约1305年：
Piero de'Crescenzi, *Liber ruralium commodorum,* trans. Robert G. Calkins, 'Piero de' Crescenzi and the Medieval Garden', in *Medieval Gardens,* ed. Elisabeth B. MacDougall,（Washington, DC, 1986）, 171.
皮耶洛·迪奎森西（Piero de'Crescenzi）的作品《中世纪园艺手稿》是中世纪欧洲最重要的农业论文之一。

如何让自己隐身（How to Make Yourself Invisible），1560年：
The Boke of Secretes of Albertus Magnus（London, 1560）, C1v.
这本关于实验性魔法的中世纪选集，被称为 *Secreta Alberti,* 其假冒艾伯特·麦格努斯（Albertus Magnus）之名，或许是他的其中一位追随者于13世纪汇编而成。

如何自制唇膏（How to Make Your Own Lip Balm），1579年：
Thomas Lupton, *A Thousand Notable Things,* 2.
（参见：如何预防瘟疫，1579年。）

如何打理你的鼻子（How to Manage Your Nose），1640年：
Lucas Gracián Dantisco, *Galateo Espagnol,* trans. W[illiam] S[tyle], 10.
（参见：如何有礼貌地打嗝，1640年。）

如何为女士调酒（How to Mix Drinks for Ladies），1892年：
William Schmidt, *The Flowing Bowl: When and What to Drink*（New York, 1892）, 164.

如何预防老鼠偷吃乳酪（How to Mouse-proof Your Cheese），1581年：
Thomas Hill, *A Briefe and Pleasaunt Treatise, Entituled, Naturall and Artificiall Conclusions*（London, 1581）, G1v.
希尔（Hill）的"秘诀之书"首次出版于1567年或1568年。

如何打包行李（How to Pack for a Journey），1480年：
Santo Brasca, *Viaggio in Terrasanta*, ed. Anna Laura Momigliano Lepschy, *Viaggio in Terrasanta di Santo Brasca 1480*（Milan, 1966）, 128–129.
《朝圣之旅》（*Viaggio in Terrasanta*）是这位米兰作者在1480年去耶路撒冷朝圣的途中写的日志。

如何像学者一样与人交际（How to Party Like a Scholar），1558年：
Giovanni della Casa, *Il Galateo overo de' costumi*, trans. M. F. Rusnak, *Galateo: Or, The Rules of Polite Behaviour*（Chicago, 2013）, 20.
大主教乔瓦尼·德拉·卡萨（Giovanni della Casa）的《礼仪》（*Galateo*），在1558年他死后首次出版，甫一问世即成为有史以来最有影响力的礼仪类著作之一；"galateo"在意大利语中仍然是"礼貌"的代称。

如何预测坏天气（How to Predict Bad Weather），约1470年：
Les Evangiles des Quenouilles, trans. Jeay and Garay, 119.
（参见：如何养猫，约1470年。）

如何预测生活花费（How to Predict Cost of Living），约1470年：
Les Evangiles des Quenouilles, trans. Jeay and Garay, 129.
（参见：如何养猫，约1470年。）

如何准备沐浴（How to Prepare a Bath），约1450年：
John Russell, *John Russell's Book of Nurture,* trans. Edith Rickert and L. J. Naylor, *The Babees Book: Medieval Manners for the Young*（Cambridge, ON, 2000）, 34.
鲜为人知的约翰·罗素（John Russell）形容自己是格洛斯特汉弗莱公爵（Duke Humphrey of Gloucester）的门房、司仪和仆人。

如何防止背痛（How to Prevent Back Pain），约1470年：
Les Evangiles des Quenouilles, trans. Jeay and Garay, 211.
（参见：如何养猫，约1470年。）

如何预防喝醉酒（How to Prevent Drunkenness），1653年：
Hugh Plat, *The Jewel House of Art and Nature*（London, 1653）, 59.

如何保护婴儿（How to Protect Your Infant），1697年：
John Pechey, *A General Treatise of the Diseases of Infants and Children Collected from the Best Practical Authors*（London, 1697）, 4–5.

如何向男人施展魅功（How to Put the Moves on a Man），约1250年：
Richard de Fournival, *Consaus d'amours*, trans. Norman R. Shapiro, *The Comedy of Eros:*

Medieval French Guides to the Art of Love, 2nd ed.(Urbana, IL, 1997), 116.
因《爱的动物寓言》(*Bestiaire d'amour*)而闻名的理查德·德·弗尼沃(Richard de Fournival)也著有一本关于爱情的书信作品。

如何灭火(How to Put Out a Fire)，12世纪：
Mappae clavicula, trans. Smith and Hawthorne, 70.
(参见：如何制作毒箭，12世纪。)

如何培养你小孩(How to Raise Your Child)，12世纪：
The Trotula, trans. Green, 109.
(参见：如何避免怀孕，12世纪。)

如何从舞会灾难中平复心情(How to Recover from a Dance Mishap)，1538年：
Antonius Arena, *Leges dansandi*.
(参见：如何打理跳舞的装扮，1538年。)

如何解手(How to Relieve Yourself)，约1200年：
Daniel of Beccles, *Urbanus magnus*, 38-39.
(参见：如何帮你的小孩穿衣服，约1200年。)

如何清除污渍(How to Remove a Stain)，1562年：
Alessio Piemontese [Girolamo Ruscelli?], *The Thyrde and Last Parte of the Secretes of the Reverende Maister Alexis of Piemont*, trans. William Ward(London, 1562), 58.
(参见：如何将头发染成绿色，1563年。)

如何骑马(How to Ride a Horse)，约1260年：
Brunetto Latini, *Il Tesoretto*, ed. Julia Bolton Holloway, *Il Tesoretto(The Little Treasure)*(New York, 1981), 1803–1818.
布鲁内托·拉提尼(Brunetto Latini)最为人所知的便是但丁导师的身份，和他被但丁于《神曲·地狱篇》中提及。拉丁尼试图在他的意大利诗歌 *Tesoretto* 和法文散文 *Li Livres dou Trésor* 当中，概述人类的知识总体。

如何安排求爱行程(How to Schedule Lovemaking)，1707年：
Nicolas Venette, *The Mysteries of Conjugal Love Reveal'd*(London, 1707), 139.
1687年的一本法文性爱手册之英文译本。

如何唱歌(How to Sing)，1650年：
Christoph Bernhard, *Von der Singe-Kunst oder Manier*. trans. Walter Hilse, 'The Treatises of Christoph Bernhard', *The Music Forum* III(1973): 1–196, at 25.
伯恩哈德(Bernhard)对于歌唱的建议存于约1650年的手稿之中。

如何在餐桌上就座(How to Sit at the Table)，1530年：
Desiderius Erasmus, *De civilitate* 28.
(参见：如何放屁，1530年。)

如何入眠（How to Sleep），1474年：
Platina, *De honesta voluptae et veletudine*, trans. Milham, 111.
（参见：如何选择厨师，1474年。）

如何在旅行时也能安眠（How to Sleep While Travelling），1700年：
Andrew Balfour, *Letters Write* [sic] *to a Friend*（Edinburgh, 1700）, 111.
医生、植物学家和旅行家安德鲁·鲍尔弗（Andrew Balfour）写给帕特里克·莫瑞（Patrick Murray）的这套书信，是在1694年贝尔福去世后才出版的。

如何瘦身（How to Slim Down），12世纪：
The Trotula, trans. Green, 123.
（参见：如何避免怀孕，12世纪。）

如何减重（How to Slim Down），1665年：
Thomas Jeamson, *Artificiall Embellishments*, 64.
（参见：如何治疗青春痘，1665年。）

如何在十四天内瘦身成功（How to Slim Down in Fourteen Days），1579年：
Thomas Lupton, *A Thousand Notable Things*, 49.
（参见：如何预防瘟疫，1579年。）

如何解酒（How to Sober Up），1628年：
The Booke of Pretty Conceits: Taken out of Latine, French, Dutch and English（London, 1628）, A7v.
第一版出现于1612年。

如何安抚小孩（How to Soothe a Child），约1000年：
Old English Herbarium, trans. Anne van Arsdall, *Medieval Herbal Remedies: The Old English Herbarium and Anglo-Saxon Medicine*（New York, 2002）, 159.
4—5世纪名为《伪阿普列尤斯的植物标本馆》（*Herbarium of Pseudo-Apuleius*）的拉丁手册之古英文译本。

如何安抚长牙的婴儿（How to Soothe a Teething Baby），约1450年：
Michele Savonarola, *Ad mulieres ferrarienses*.
（参见：如何生小孩，约1450年。）

如何保持健康（How to Stay Healthy），1607年：
John Harrington, *The Englishmans Docter, or the School of Salerne*（London, 1607）, A8r.
《沙勒诺的养生准则》（*Regimen sanitatis Salernitanum*）的诗歌翻译。

如何圆满达成出差任务（How to Succeed on a Business Trip），1528年：
Baldesar Castiglione, *Il libro del cortegiano*, ed. Daniel Javitch, *The Book of the Courtier: the Singleton Translation*（New York, 2002）.
外交家和朝臣巴尔达萨雷·卡斯蒂利奥尼（Baldesar Castiglione）发表在1528年的《廷臣论》（*Il Libro del Cortegiano*）的内容包括在乌尔比诺公爵宫廷之中

谈论关于理想朝臣特质的虚构对话。

如何对你的女人甜言蜜语（How to Sweet Talk Your Lady），1656年：
Cupids Master-piece, or, the Free-school of Witty and Delightful Complements（London, 1656）.

如何像绅士般游泳（How to Swim Like a Man），1860年：
Donald Walker, *Walker's Manly Exercises: Containing Rowing, Sailing, Riding, Driving, Hunting, Shooting, and Other Manly Sports,* rev. 'Craven'（London, 1860）, 86.

如何测量脉搏（How to Take a Pulse），12世纪：
Salvatore de Renzi, *Collectio Salernitana,* vol. 2（Naples, 1853）, 74–75.

如何谈论你的孩子（How to Talk About Your Kids），1558年：
Giovanni della Casa, *Il Galateo overo de' costumi,* trans. Rusnak, 48–49.
（参见：如何像学者一样与人交际，1558年。）

如何讲笑话（How to Tell Jokes），1558年：
Giovanni della Casa, *Il Galateo overo de' costumi,* trans. Rusnak, 47.
（参见：如何像学者一样与人交际，1558年。）

如何判定一个人是生是死（How to Tell if Someone Is or Is Not Dead），约1380年：
Johannes de Mirfield, *Breviarium Bartholomei,* trans. Percival Horton-Smith Hartley and Harold Richard Aldridge, *Johannes de Mirfield of St. Bartholomew's, Smithfield; His Life and Works*（Cambridge, 1936）, 69.
约翰纳斯·德·墨菲尔德（Johannes de Mirfield）是圣巴塞洛缪医院（伦敦）一位杰出的医生；他的注重实效之医疗纲要有两本留存。

如何预测时间（How to Tell Time），1658年：
John White, *A Rich Cabinet,* 8.
（参见：如何判断月亮周期，1658年。）

如何训练猫耍花招（How to Train Your Cat to Do Tricks），1809年：
Jesse Haney, *Haney's Art of Training Animals*（New York, 1809）, 148–149.

如何训练你的雀鹰（How to Train Your Sparrow Hawk），约1393年：
Le Ménagier de Paris, trans. Greco and Rose, 237–238.
（参见：如何照顾你的狗，约1393年。）

如何治疗秃头（How to Treat Baldness），13世纪：
Salvatore de Renzi, *Collectio Salernitana,* vol. 5（Naples, 1859）, 21.

如何在水中修剪脚指甲（How to Trim Your Toenails Underwater），1789年：
Melchisédech Thévenot, *The Art of Swimming. Illustrated by Forty Proper Copper-Plate*

Cuts, Which Represent the Different Postures Necessary to be Used in that Art. With Advice for Bathing, 3rd ed.（London, 1789）, 47–48.
特文诺（Thévenot）的《游泳的艺术》（*L'Art de Nager*）于1696年首次出版，是埃弗拉·迪格比（Everard Digby）的拉丁手册 *De arte natandi*（1587）之法语版本。

如何婉拒主子的老婆（How to Turn Down Your Lord's Wife），约1200年：
Daniel of Beccles, *Urbanus magnus,* 64.
（参见：如何帮你的小孩穿衣服，约1200年。）

如何使用培根肉（How to Use Bacon），约530年：
Anthimus, *De obseruatione ciborum,* ed. and trans. Mark Grant, *De obseruatione ciborum*（Totnes, 1996）, 57.
《食品遵守法则》（*De obseruatione ciborum*）是在希奥多里克大帝（Theodoric the Great）宫廷中服务的一位拜占庭医生的作品。

如何使用钻石（How to Use a Diamond），约1350年：
John Mandeville, *Travels,* trans. C. W. R. D. Moseley, rev. ed.（London, 2005）, 118–119.
这则关于到东方游历的法语文本，叙事者采用查汉·德·曼德维尔（Jehan de Mandeville）这个名字。有人认为佛兰芒人简·德·朗格（Jan de Langhe）是本书的作者。

如何善用橙子（How to Use an Orange），1722年：
Joseph Miller, *Botanicum officinale: or a Compendious Herbal*（London, 1722）, 67–68.

如何清醒或入眠（How to Wake or Sleep），1685年：
Nicolas Lemery, *Modern Curiosities of Art & Nature,* 26.
（参见：如何治放屁，1685年。）

如何在水面上行走（How to Walk on Water），1581年：
Thomas Hill, *A Briefe and Pleasaunt Treatise, Entituled, Naturall and Artificiall Conclusions,* C5r.
（参见：如何预防老鼠偷吃乳酪，1649年。）

如何帮婴儿洗澡（How to Wash a Baby），1744年：
Thomas Dawkes, *The Nurse's Guide: or, Short and Safer Rules for the Management of Women*（London, 1744）, 35–36.

如何洗发（How to Wash Your Hair），12世纪：
The Trotula, trans. Green, 171.
（参见：如何避免怀孕，12世纪。）

如何洗头（How to Wash Your Head），1612年：
William Vaughan, *Approved Directions for Health*（London, 1612）, 71.
首次出版于1600年。

如何像绅士般地穿内衣（How to Wear Gentlemanly Underwear），1891年：
Mortimer Delano de Lannoy, *Simplex Munditiis. Gentlemen*（New York, 1891）, 55.

如何穿软木高底鞋（How to Wear Platform Shoes），1600年：
Fabritio Caroso, *Nobilità di dame,* ed. and trans. Julia Sutton, *Courtly Dance of the Renaissance: A New Translation and Edition of the* Nobilità di Dame（1600）（New York, 1995）, 141.
舞蹈大师法毕修·卡罗素（Fabritio Caroso da Sermoneta）于1584年首度出版《芭蕾指南》（*Il Ballarino*）。《贵族仕女》（*Nobilità di dame*）是修订版本。

如何美白牙齿（How to Whiten Your Teeth），1686年：
Hannah Woolley, *The Accomplish'd Ladies Delight,* 95.
（参见：如何治愈各种伤口，1686年。）

如何打赢官司（How to Win a Legal Case），约1260年：
Albertus Magnus, *De animalibus,* trans. Kitchell and Resnick, 1520.
（参见：如何照顾你的猫，约1260年。）

如何写慰问信（How to Write a Letter of Condolence），1867年：
Sarah Annie Frost, *Frost's Original Letter-Writer. A Complete Collection of Original Letters and Notes Upon Every Imaginable Subject of Every-Day Life*（New York, 1867）, 95.

图片版权说明

主要来源：

Beinecke: Images courtesy of the Beinecke Rare Book and Manuscript Library, Yale University.

Bodleian: Images reproduced by permission of the Bodleian Library, University of Oxford.

British Library: Images © The British Library Board.

Cushing/Whitney: Images courtesy of the Harvey Cushing/John Hay Whitney Medical Library, Yale University.

Eisenhower: Images courtesy of the Milton S. Eisenhower Library, The Sheridan Libraries, Johns Hopkins University.

Garrett: Images courtesy of the John Work Garrett Library, The Sheridan Libraries, Johns Hopkins University.

Getty: Images courtesy of the J. Paul Getty Library's Open Content Program. Peabody: Images courtesy of the George Peabody Library, The Sheridan Libraries, Johns Hopkins University.

Walpole: Images courtesy of the Lewis Walpole Library, Yale University.

Walters: Images © Walters Art Museum, used under a Creative Commons Attribution–ShareAlike 3.0 license.

Wellcome: Images courtesy of the Wellcome Library, London.

3页：Fabritio Caroso, *Il ballarino*（1581）. Beinecke. 5页：British Library, Additional MS 27695, f. 14r. 6页：John Southall, *A Treatise of Buggs*（1730）. Beinecke. 7页：British Library, Royal MS 14 E III, f. 146r. 9页：Cesare Negri, *Nuove inventioni di balli*（1604）. Beinecke. 10页：Getty, MS Ludwig XIII 7, f. 159v. 11页：British Library, Royal MS 14 E IV, f. 276r. 12页：Paolo Veronese, *Giuseppe da Porto and His Son Adriano*. Galleria degli Uffizi, Firenze. HIP/Art Resource, NY. 13页：Österreichische

Nationalbibliothek, Cod. Vindob. series nova 2644, f. 105r. 14 页：Johann Dryander, *Der gantzen Artzenei*（1542）. Wellcome.

16 页：Melchisédech Thévenot, *The Art of Swimming*（1789）. Peabody. 17 页：Thomas Hill, *Naturall and Artificiall Conclusions*（1649）. Beinecke. 18 页：St. Gallen, Kantonsbibliothek, Vadianische Sammlung, Ms. 343c, f. 72r. 19 页：*Ortus sanitatis*（1497）. Cushing/ Whitney. 20 页：Bibliothèque Nationale de France, NAL 3134, f. 80r. 21 页：Getty, MS Ludwig XIII 7, f. 120v. 22 页：Bodleian, MS e Mus. 65, f. 98v. 24 页：British Library, Sloane MS 2435, f. 9v. 26 页：Bodleian, MS Junius 11, p. 53. 27 页：Edward Topsell, *The Historie of Foure-Footed Beastes*（1675）. Peabody. 28 页：Burgerbibliothek Bern, Cod. 264, p. 79. 29 页：John Bulwer, *Anthropometamorphosis*（1653）. Peabody. 30 页：Sarah Annie Frost, *Frost's Original Letter-Writer*（1867）. Peabody. 32 页：British Library, Royal MS 15 E VI, f. 273r.

34 页：'A Dappled Gray Stallion Tethered in a Landscape'（c. 1584–7）. Getty. 35 页：Hans Sachs, *Eygentliche Beschreibung aller Stände auff Erden*（1568）. Beinecke. 36 页：British Library, Royal MS 6 E VII, f. 67v. 37 页：Österreichische National-bibliothek, Cod. Vindob. series nova 2644, f. 37r. 38 页：参见 9 页说明。40 页：参见 29 页说明。41 页：参见 29 页说明。42 页：Elizabeth Raffald, *The Experienced English Housekeeper*（1786）. Peabody.

43 页：British Library, Stowe MS 17, f. 153v. 44 页：Philippe Sylvestre Dufour, *The Manner of Making Coffee, Tea, and Chocolate*（1685）. Beinecke. 45 页：Bibliothèque Nationale de France, MS français 28, f. 66v. 46 页：Francesco Petrarca, *De rebus memorandis*, trans. Stefan Vigilius（1566）. Peabody. 47 页：Walters, W.102, f. 75v. 48 页：参见 46 页说明。

49 页：Mattia Giegher, *Li tre trattati*（1561–6）. Getty. 50 页：Ulisse Aldrovandi, *De pis-cibus*（1638）. Garrett. 51 页：Morgan Library, MS G.24, f. 10r. *Jacques de Longuyon, Les voeux du paon, c.*（1350）. Gift of the Trustees of the William S. Glazier Collection, 1984. The Pierpont Morgan Library, New York/Art Resource, NY.

52 页：British Library, Harley MS 4867, f. 74v. 55 页：Donald Walker, *Walker's Manly Exercises*（1860）. Peabody.

57 页：David Tenniers, Tooth-Drawer（c. 167~-?）. Wellcome. 58 页：Benito Arias Montano, *Humanae salutis monumenta*（1571）. Peabody. 59 页：Getty, MS Ludwig XV 3, f. 100v. 60 页：John White, *Rich Cabinet*（1658）. Beinecke. 61 页：Joannes Jonstonus, *Historiæ naturalis de piscibus et cetis*（1649）. Peabody. 62 页：Conrad Gesner, *Historiae animalium*（1551）. Peabody. 63 页：Isaac Fuller, *Iconologia*（1709）. Wellcome. 64 页：Getty, MS 100, f. 58r. 65 页：Robert Hooke, *Micrographia*（1665）. Eisenhower. 66 页：Theodor Graminaeus, *Beschreibung derer Fürstlicher Gülligscher &c. Hochzeit*（1587）. Getty. 68 页：Pliny the Elder, *Historia mundi naturalis*（1582）. Peabody. 70 页：Wellcome MS 573, f. 53v. 72 页：参见 46 页说明。73 页：*Dame Wiggins of Lee and Her Seven Wonderful Cats*（1836）. Peabody. 75 页：Girolamo Mercuriale, *De arte gymnastica*（1601）. Peabody. 76 页：British Library Royal 6 E VII, f. 197r. 77 页：John Gerard, *The Herball or Generall Historie of Plantes*（1633）. Peabody. 78 页：The Jovial Marriner（1670–82?）. Beinecke. 81 页：Morgan Library, MS M.144, f. 4r. Book of Hours, c. 1490. Purchased by J. Pierpont Morgan before 1913. The Pierpont Morgan Library, New York/ Art Resource, NY.

82 页：Magnus Hundt, *Antropologium de hominis dignitate*（1501）.

Wellcome. 83 页：Getty, MS 100, f. 24r. 84 页：Desiderius Erasmus, Moriæ encomium, trans. White Kennett（1709）. Peabody. 85 页：*Routledges Ball Room Guide*（1866?）. Peabody.
87 页：James Bretherton, 'A Tour to Foreign Parts'（1778）. Walpole. 88 页：参见 29 页说明。89 页：British Library, Additional MS 42130, f. 171r. 90 页：Fortunio Liceti, *De monstrorum caussis*（1634）. Peabody. 91 页：Thomas Rowlandson, 'Transplant-ing of Teeth'（1790）. Wellcome. 92 页：'The Pretty Barmaid'（c. 1825）. Wellcome. 93 页：British Library, Sloane MS 1975, f. 14v. 94 页：参见 35 页说明。96 页：*Michael Maier, Scrutinium chymicum*（1687）. Peabody. 98 页：Bodleian, MS Bodl. 264 pt. 1, f. 56r. 99 页： Wellcome, MS 990, p.572. 101 页：Getty, MS Ludwig IX 8, f. 6r. 102 页：*The Daily Graphic*（June 1879）. Peabody. 103 页：Everard Digby, *De arte natandi*（1587）. Garrett.
104 页：British Library, Royal MS 6 E VI, f. 503v. 105 页：Elizabeth Blackwell, *Herbarium Blackwellianum*（1757）. Beinecke.106 页：参见 46 页说明。108 页：John Jonston, *Historiae naturalis de insectis*,（1653）. Peabody. 109 页：David Deuchar, Man at a Table. Wellcome. 110 页：Wenceslaus Hollar, *Portrait of Giovanni della Casa.* Courtesy of the Thomas Fisher Rare Book Library, University of Toronto. 112 页：Walters, W.51, f. 2r. 113 页：*Nobody and Somebody*（1606）. Beinecke. 114 页：参见 83 页说明。115 页：Matthias de L'Obel, *Kruydtboeck*（1581）. Wellcome. 116 页：参见 35 页说明。119 页：Heidelberg University Library, Cod. Pal. Germ. 848, f. 46v.
120 页：Österreichische Nationalbibliothek, Cod. Vindob. series nova 2644, f. 65v. 122 页：参见 33 页说明。123 页：参见 10 页说明。124 页：Giambattista della Porta, *De humana physiognomia*（1602）. Cushing/Whitney.
126 页：参见 83 页说明。127 页：参见 46 页说明。128 页：Österreichische Nationalbibliothek, Cod. Vindob. series nova 2644, f. 104r. 129 页：Getty, MS Ludwig XV 3, f. 99r.
130 页：P. Boone, *Allegories of the Senses*（1561）. Wellcome. 131 页：参见 29 页说明。132 页：*Harper's Weekly* 25（June 18, 1881）. Peabody. 133 页：Getty, MS Ludwig XV 9, f. 43v. 134 页：Getty, MS Ludwig XIV 6, f. 126r. 135 页：参见 35 页说明。136 页：*La légende de Béguinette*（1903）. Eisenhower. 137 页：参见 42 页说明。138 页：Jean de Laet, *Histoire du nouveau monde*（1640）. Beinecke. 139 页：参见 77 页说明。140 页：*The Compleat Housewife*（1758）. Peabody. 141 页：British Library, Stowe MS 17, f. 143r. 142 页：Johann Theodor de Bry, *India orientalis*（1598）. Peabody. 143 页：Wellcome, MS 136, f. 64v. 144 页：*Harper's Bazaar* 29, no. 11（March 14, 1896）. Peabody. 146 页：*Advice to the Ladies of London*（1686–8?）. Beinecke.
148 页：Österreichische Nationalbibliothek, Cod. Med. Graec. 1, f. 312r. 149 页：参见 73 页说明。150 页：*Albertus Seba, Locupletissimi rerum naturalium thesauri accurata descriptio*（1734–65）. Peabody. 153 页：Hans Holbein, *Simolachri: Historie e figure de la morte*（1549）. Peabody. 154 页：参见 35 页说明。156 页：Österreichische National-bibliothek, Cod. Vindob. series nova 2644, f. 60v. 157 页：Bodleian, MS Rawl. Q. b. 5, f. 162r.
158 页：Wellcome, MS 990, p. 142. 160 页：Ms418, f. 45r. Beinecke.
161 页：Ulisse Aldrovandi, *Mon-strorum historia*（1642）. Peabody. 162 页：Heinrich von Louffenberg, *Artzneybuch*（1546）. Wellcome. 164 页：Female Knight, Visconti Tarot. Beinecke. 166 页：British Library, Royal MS 6 E VI, f. 128v. 167 页：Thomas

241

Heywood, *Philocothonista*（1635）. Beinecke. 168页：参见35页说明。169页：Österreichische Nationalbibliothek, Cod. Vindob. series nova 2644, f. 101v. 170页：Richard Mead, *A Mechanical Account of Poisons in Several Essays*（1745）. Wellcome. 171页：Plat, *The Iewel House of Art and Nature*（1653）, *Peabody*. 173页：Walters, W.106, f. 15r. 175页：Charles Elmé Francatelli, *The Modern Cook*（1846）. Beinecke. 176页：Walters, W.425, f. 12r.

177页：参见46页说明。178页：参见27页说明。179页：Jacopo Pontormo, *Portrait of a Young Man Wearing a Red Coat*. Pinacoteca Nazionale di Palazzo Mansi, Lucca. Alinari/ Art Resource, NY. 180页：'The Honey-moon'（1777）. Walpole. 181页：René Descartes, *Specimina philosophiae*（1650）. Peabody. 182页：Morgan Library, MS M.1044, f. 44v. Gaston Phebus, *Livre de la chasse*, c. 1406-7. Bequest of Clara S. Peck, 1983. The Pierpont Morgan Library, New York/Art Resource, NY.

185页：*The Young-mans Unfortunate Destiny*（1684-95?）. Beinecke. 186页：参见129页说明。187页：Cesare Ripa, *Iconologia*（1644）. Beinecke. 188页：Walters, W.106, f. 18v. 190页：Getty, MS Ludwig XIV 6, f. 27r.

191页：参见29页说明。192页：参见29页说明。194页：Izaak Walton, *The Compleat Angler*（1665）. Peabody. 195页：Joachim Camerarius, *Symbolorum et emblematum centuriæ quatuor*（1677）. Peabody. 196页：Bodleian, MS Douce 204, f. 37v. 198页：Getty, MS 100, f. 26v. 199页：参见177页说明。201页：参见62页说明。202页：Lyon, Bibliothèque municipale, MS 6881, f. 30r. 203页：Jean-Baptiste Louvet de Couvray, *Les Amours du Chevalier de Faublas*（1821）. Peabody. 204页：Bodleian, MS Douce 276, f. 118r. 205页：*The Underwear and Hosiery Review* 1, no. 4（February, 1918）. Eisenhower. 206页：参见51页说明。207页：Bartolomeo Scappi, Opera（1570）. Eisenhower. 208页：Lyon, Bibliothèque municipale, Rés. Inc. 58, f. 43r. 210页：British Library, Royal MS 6 E VI, f. 179r.

211页：参见27页说明。212页：参见27页说明。213页：William Heath, 'Do you care to have your bed warm'd sir?'（1828?）Walpole. 214页：MS 404, f. 148r. Beinecke. 216页：参见46页说明。219页：Walters, W.760, f. 173r.

实用速查表

前言........1
关于文本的注意事项........9
注释........220
图片版权说明........239

居家生活
如何将臭虫赶尽杀绝........6
如何捉苍蝇........18
如何照顾你的猫........20
如何养马........34
如何保养你的鲁特琴........35
如何解梦........53
如何利用龙虾辅助园艺........61
如何杀跳蚤........65
如何整理草坪........100
如何杀死蛇........108
如何清除污渍........115
如何驱除蚊子........129
如何灭火........134
如何生火........143
如何制作草皮长凳........160
如何照顾你的狗........183

如何处理书籍........184
如何种甜瓜........186
如何预测生活花费........209
如何养猫........213
如何生活........218

健康养生
如何解酒........13
如何治疗流鼻血........19
如何消除头痛........28
如何防止背痛........37
如何治晕船........48
如何护理牙齿........56
如何治失眠........72
如何治疗秃头........76
如何自我防护，免受罗勒草侵害........79
如何使头脑清楚........82
如何治牙痛........91
如何测量脉搏........93
如何治愈各种伤口........99
如何保健牙齿........104

如何治恶心........130

如何保持健康........139

如何预防瘟疫........152

如何治疗眼疾........159

如何预防喝醉酒........167

如何治头痛........168

如何入眠........169

如何保持双手温暖........176

如何治头脑阻塞........177

如何改善记忆力........178

如何治放屁........194

如何清醒或入眠........201

如何治疗酸痛........214

美容时尚

如何在有限的预算下保持体面........14

如何在水中修剪脚指甲........16

如何清洁牙齿........27

如何将头发染成绿色........29

如何打理跳舞时的装束........39

如何增肥........40

如何减重........41

如何使用钻石........59

如何锻炼身体........63

如何洗发........64

如何自制唇膏........84

如何刺青........88

如何选择游泳时的装束........102

如何在十四天内瘦身成功........113

如何准备沐浴........118

如何治疗青春痘........122

如何打扮男士........131

如何用摩擦健身........132

如何美白牙齿........135

如何选择骑单车时的装束........145

如何洗头........149

如何修眉........191

如何穿软木高底鞋........193

如何打理你的鼻子........206

如何瘦身........210

亲子教养

如何避免怀孕........25

如何安抚小孩........26

如何生孩子........33

如何帮你的小孩穿衣服........36

如何培养你的小孩........51

如何生出漂亮的小孩........90

如何换尿布........107

如何判定自己是否怀孕........161

如何喂小孩吃饭........163

244

如何保护婴儿……170

如何怀孕……187

如何照顾新生儿……188

如何帮婴儿洗澡……200

如何安抚长牙的婴儿……204

如何制作圣诞节派……174

如何制作干面条……189

如何制作蜗牛面包……195

如何使用培根肉……198

如何快速调出鸡尾酒……199

如何选择厨师……207

如何预防老鼠偷吃乳酪……212

饮食

如何选择啤酒……4

如何搭建面团城堡……25

如何制作粉红色的松饼……42

如何煮咖啡……44

如何折叠出令人惊羡的餐巾纸……49

如何捕捉虹鱼……50

如何烹煮豪猪……62

如何装饰餐桌……67

如何收割曼陀罗……71

如何制作巨蛋……97

如何善用橙子……105

如何制作法式吐司……114

如何成为主厨……117

如何制作芝士欧姆蛋卷……121

如何喝啤酒……125

如何制作巧克力……138

如何制作番茄酱……140

如何酿造公鸡麦芽啤酒……155

如何制作芝士通心粉……156

社交礼仪

如何放屁……7

如何谈论你的孩子……12

如何写慰问信……31

如何喝汤……46

如何像绅士般游泳……54

如何像学者一样与人交际……58

如何进行晚餐对话……74

如何避开认识的人……85

如何访问海外人士……86

如何解手……98

如何有礼貌地打嗝……109

如何讲笑话……111

如何从舞会灾难中平复心情……123

如何与人交谈……126

如何有礼貌地进食……127

如何跳舞……128

如何在餐桌上就座……137

245

如何扮好男爵夫人的角色........165
如何打赢官司........166
如何在跳舞时展现优雅神态....171
如何婉拒主子的老婆........172
如何圆满达成出差任务........179
如何从舞会中脱身........190
如何调整你的姿态........197
如何像绅士般地穿内衣........205
如何在学校守规矩........217

两性沟通
如何在舞会中令女士印象深刻....2
如何搭讪女人........9
如何吸引情人........77
如何增进欲望........83
如何为女士调酒........92
如何魅惑男人........136
如何向男人施展魅力........141
如何赞美女士........147
如何治相思病........157
如何亲吻........180
如何对你的女人甜言蜜语........185
如何安排求爱行程........203

军事武器
如何攻击敌船........11

如何制造鸟飞弹........89

旅游
如何打包行李........23
如何选择船上的座位........45
如何在旅行时也能安眠........142

特殊才能
如何判定一个人是生是死........10
如何在水面上行走........17
如何骑马........43
如何训练会表演的狗........47
如何使龙喷烟火........60
如何预测时间........69
如何训练猫耍花招........73
如何训练你的雀鹰........80
如何唱歌........95
如何在水中弹跳........103
如何让人笑到死........112
如何让自己隐身........133
如何预知死亡是否即将来临........148
如何制作"刺猬"........151
如何制造彩虹........181
如何预测坏天气........202
如何判断月亮周期........211

Ask the Past: Pertinent And Impertinent Advice From Yesteryear
Copyright © 2015 by Elizabeth Archibald
Simplified Chinese translation copyright © 2019 by Beijing Alpha Books Co., Inc.
All Rights Reserved.

本书译稿由大雁文化事业股份有限公司 大写出版事业部授权使用。

版贸核渝字（2017）第191号
图书在版编目（CIP）数据

耶鲁古典欧洲怪诞生活志／（美）伊丽莎白·阿奇博尔德著；
何玉方译. -- 重庆：重庆出版社，2019.3
书名原文：Ask the Past
ISBN 978-7-229-13541-6

Ⅰ.①耶… Ⅱ.①伊…②何… Ⅲ.①社会生活－生活史－欧洲
Ⅳ.①D750.9

中国版本图书馆CIP数据核字（2018）第204143号

耶鲁古典欧洲怪诞生活志
［美］伊丽莎白·阿奇博尔德 著
何玉方 译

策　　划：华章同人
出版监制：徐宪江　伍　志
责任编辑：秦　琥　王昌凤
营销编辑：张　宁　所祺朋
责任印制：杨　宁
封面设计：蜀　黍

重庆出版集团
重庆出版社　出版
（重庆市南岸区南滨路162号1幢）
投稿邮箱：bjhztr@vip.163.com
三河市嘉科万达彩色印刷有限公司　印刷
重庆出版集团图书发行有限公司　发行
邮购电话：010-85869375/76/78转810

重庆出版社天猫旗舰店
cqcbs.tmall.com
全国新华书店经销

开本：880mm×1230mm　1/32　印张：8.25　字数：196千
2019年3月第1版　2021年4月第3次印刷
定价：68.00元

如有印装质量问题，请致电023-61520678

版权所有，侵权必究